有一种陪伴叫游戏

藏在亲子游戏中的启蒙教育

西西 著/绘

上海科技教育出版社

图书在版编目(CIP)数据

有一种陪伴叫游戏：藏在亲子游戏中的启蒙教育/西西著.—上海：上海科技教育出版社,2019.6
ISBN 978-7-5428-6958-6

Ⅰ.①有… Ⅱ.①西… Ⅲ.①智力游戏—家庭教育—儿童教育 Ⅳ.①G898.2 ②G782

中国版本图书馆CIP数据核字(2019)第045716号

责任编辑　郑丁葳
装帧设计　李梦雪

有一种陪伴叫游戏
——藏在亲子游戏中的启蒙教育
西西　著/绘

出版发行		上海科技教育出版社有限公司
		(上海市柳州路218号　邮政编码200235)
网	址	www.sste.com　www.ewen.co
经	销	各地新华书店
印	刷	常熟华顺印刷有限公司
开	本	720×1000　1/16
印	张	11
版	次	2019年6月第1版
印	次	2019年6月第1次印刷
书	号	ISBN 978-7-5428-6958-6/G·4029
定	价	42.00元

前言

十年前做妈妈以后,我开始接触一些新式教育理念。与传统教育观念不同,新式教育理念注重保护孩子的创造力,启发孩子的兴趣,而不是用教条的方式向孩子灌输知识。这样的理念深深地吸引了在应试教育中长大的我。原来,教育也可以有不一样的方式,不但可以不引起厌倦,还可以充满吸引力!

与此同时,在孩子小的时候,我面临着一个苦恼:找不到足够多的理想的游戏跟孩子玩。在我心中,理想的游戏是这样的:有趣,既能吸引孩子,又能不露痕迹地启发孩子的创造性或增长知识,实现真正的寓教于乐。可是,我在网上找来找去都找不到令我非常满意的游戏。

有一天,我脑中突然灵光一闪:我为什么不自己设计游戏呢?我可以把自己学到的教育理念跟孩子的兴趣点相结合,量身打造一些最适合我们的游戏啊!

于是,我设计了第一个游戏"猜一猜"。儿子非常喜欢这个游戏,跟我玩得兴致勃勃。儿子的反馈鼓励了我,我开始设计更多的游戏。每次有了新的灵感,我就记录下来。就这样,我的自创游戏越来越多。积累多了以后,我有了把它们分享出去的愿望。于是,我创建了我的个人微信公众号"西西创意亲子游戏",开始在网络上分享这些自创游戏。作为一个初级美术爱好者,游戏中的配图也全部都是我自己绘制或拍摄的。

在设计游戏的过程中,我逐渐发现,游戏不仅可以承载启智的功能,还可以解决一些亲子间的冲突和教育上的难题。不管是多么令人头疼的问题,只要采取游戏的方式,孩子就容易接受得多。于是,培养行为习惯、增进亲子交流、调节情绪等方面的内容也成为我的自创游戏的一部分。

孩子热爱游戏。这是孩子的天性,也是成长的需要。孩子在游戏中可以发展智力、健全人格、练习最初的社交能力。被游戏滋养长大的孩子具备更旺盛的生命力和更充沛的创造力。

同时,孩子也非常需要有爸爸妈妈参与的亲子游戏。在亲子游戏中,孩子可以拥有父母全部的注意力,与父母进行最直接最充分的交流。在如今这个被智能手机占据几乎全部空闲时间的时代,父母和孩子面对面进行亲子游戏的意义显得尤为重要。孩子的童年时光转瞬即逝,每一段亲子间的共同回忆都弥足珍贵。那些曾让我们和孩子一起玩过、闹过、笑过、叫过的游戏时光会成为彼此一辈子的宝贵记忆。

为了表述方便,书中很多游戏是以妈妈和孩子为主要参与者写的,而实际上,本书所载游戏全部都是适合全家一起进行的。爸爸在孩子的成长中有着跟妈妈同样重要的不可忽视的作用。这些亲子游戏正好提供了一个机会,让爸爸们更积极主动地也更便利地参与到对孩子的陪伴养育中去。

很高兴我的这些原创游戏能与广大爸爸妈妈们见面。希望它们能像曾经陪伴我的家人一样,陪伴大家度过一段段快乐时光。其实,爸爸妈妈们也可以随时把自己的灵感记录下来,做自己宝贝的游戏设计师,因为爸爸妈妈才是最懂自己宝贝的人。

在此深深感谢上海科技教育出版社对我的作品的认可,感谢郑丁葳编辑认真、细致的工作和辛勤的付出,感谢所有为我的作品付出劳动的工作人员!

同时也感谢家人朋友对我的创作的支持,谢谢儿子为我提供灵感!

当然,我的游戏一定也有不足之处,欢迎广大读者批评指正。游戏中引用的资料如儿童常用字等内容,是我参考相关资料并结合自己的育儿经验总结的,仅供参考。个别游戏灵感的产生受其他渠道信息启发,但具体游戏内容均为原创。

最后想补充的是,虽然游戏有着神奇的作用,但它不是"万能灵药",不能指望它解决教育中的所有问题。教育离不开习惯培养和熏陶积累,这些需要父母和孩子日复一日的坚持和努力,没有捷径可走。

世界上没有完美的教育,也没有完美的孩子,就像我们自己也是不完美的一样。人生没有一百分,生活永远都会出现问题,但幸好,我们永远还有机会想办法,永远还有机会用心去解决问题。愿与天下辛苦并幸福着的爸爸妈妈们共勉!

有一种爱叫陪伴,有一种陪伴叫游戏。

西西

2019年3月

第一章
在创意中学与玩/1

百变小方片/2

抽象涂鸦画/7

小小创意漫画家/10

宝贝烹饪书/14

绳结娃娃/18

掌中太阳系/25

图画消费日记/30

星空投影仪/33

会变魔术的绳子/37

跟玩具小人学交通安全/40

大牙先生/45

大白的诞生/49

寻宝图/54

亲戚卡片/57

谁是卧底/61

第二章
爱在游戏中/65

发火本/66

愤怒选择轮/69

抛玩偶/73

小小格斗手/75

找彩蛋/78

惊喜盒/80

我想对你说/83

爱的红包/87

新年心愿卡/90

点赞打卡牌/93

圣诞老人来了 /96

第三章
张开想象的翅膀 /99

触觉感知游戏 /100

换个角度看世界 /104

猜猜它是啥 /107

猜猜他是谁 /110

三元素猜谜法 /113

脑洞游戏 /116

我演你猜 /119

看我大变身 /122

黑暗游戏 /126

一起超级变变变 /129

第四章
语言的艺术 /133

自由接龙 /134

拼音转盘 /138

汉字多米诺 /142

找一找,拼一拼 /146

我是出谜大师 /149

会讲故事的卡片 /152

搞笑拼句 /155

神秘来信 /158

纸上接龙 /160

我来说一说 /163

附录 儿童常用三百字 /166

第一章

在创意中学与玩

简单的材料,

加上一点点创意,

就可以神奇地变幻出千万种可能性……

创意游戏不但能启发孩子的创造性,

还能让孩子在不知不觉中收获知识,

习得生活技能。

百变小方片

有娃以后,也许每个家庭最头疼的就是发现家里的空间变得越来越拥挤。小孩衣服、玩具、儿童用品,不知从什么时候起就塞满了房间的各个角落。尤其是买回来的玩具,很多玩具孩子玩不了几次就扔到一边,看也不再看一眼。不仅浪费钱,还变成了清洁收纳的大麻烦。

玩具一定要花钱买吗?有没有既不花钱,又不占据空间,还好玩的玩具呢?当然有!不妨尝试一下自制便宜又环保的玩具,例如"百变小方片"。

这个玩具只需要准备几张彩色的卡纸就可以自己制作。用卡纸剪出边长2厘米左右的小方片,然后把所有颜色的小方片混合起来备用,就做好了。收纳的时候放入密封袋,一点都不占据空间。

家长可以和孩子一起用小方片拼出各种有趣的图案:
也可以让孩子自由发挥,拼成他想象的任何东西。

　　这个游戏和玩泥巴、搭积木等开放式游戏有类似的特点：没有规则限制，可以天马行空地发挥想象力和创造力，有助于孩子创造性思维的发展。

　　在拼图的过程中，孩子的手部精细动作和手眼协调能力都能得到锻炼。

　　为了把一个图形拼完美，孩子还需要调动他的专注力和耐心。

　　经过一番细心的摆弄，一堆小纸片变成了一个活灵活现的作品，这会给孩子带来很大的满足感，让他体会到创作的美妙。

　　孩子如果拼腻了，也可以用纸片当雪花玩"下雪"的游戏，或者当花瓣"下花瓣雨"。

如果想赋予这个游戏更多"学习功能"的话，还可以用这些小方片代替数字，教孩子计数和加减乘除等运算。

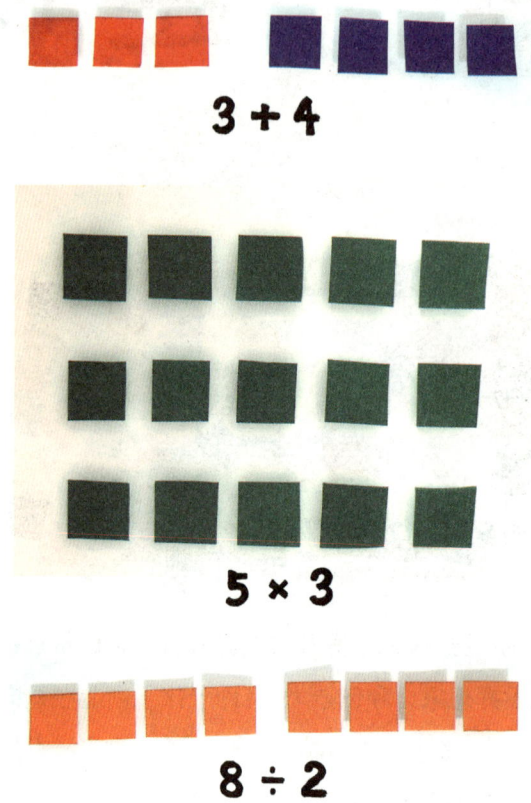

把抽象的算式摆成直观的图案，不但易于理解，还容易激发孩子对数学的兴趣。

这个游戏不仅适合孩子，也可以让成年人找到乐趣。

找一个独处的时间，随手拈起一张张小纸片，在空白的桌面上随意摆放。纯色的，彩色的；具象的，抽象的……任由飘扬的思绪带着双手拼出各种各样的图案……会有一种放空的宁静感和治愈心灵的效果。

还可以挑战自己一下，玩玩"艺术"，拼一幅"印象派油画"。

周末的闲暇时间,全家还可以一起来个"拼图合作大赛"。每人拼一个自己的作品,最终合成一个全家的大作品。人人都是艺术家。

这个简单的游戏,可以给全家人带来快乐。

> **亲子游戏时间** ⋯⋯⋯⋯⋯⋯⋯⋯⋯⋯⋯⋯⋯⋯⋯⋯⋯⋯⋯⋯⋯⋯⋯⋯⋯⋯⋯

爸爸妈妈和宝贝一起,利用彩色卡纸制作一些百变小方片吧。

◆ 宝贝能用这些小方片拼出什么呢?动物、植物、人、建筑物、交通工具……拼拼看吧。

◆ 还能拼出什么?拼一个特别的东西让爸爸妈妈猜猜吧。

◆ 请爸爸妈妈也试试。

◆ 和爸爸妈妈一起合作完成一个作品吧。

抽象涂鸦画

对很多人来说,绘画似乎是一件离自己相当遥远的事。没受过专业训练的人,总觉得自己画出来的画难登大雅之堂。

有一个很简单的方法能让没有任何绘画基础的家长和宝贝创作出令人眼前一亮的"艺术品",而且成功率是百分之百。这个神奇的方法叫作"抽象涂鸦"。

材料

◆ 水粉纸或水粉(丙烯)画板

◆ 水粉颜料或丙烯颜料

◆ 画笔(至少准备一大一小两支平头画笔,动物毛材质的适合各种颜料,尼龙材质的适合丙烯颜料)

◆ 调色板(可用盘子代替)

◆ 涮笔筒(可用杯子、罐子代替)

◆ 铺垫桌面用的报纸

◆ 吸干画笔用的毛巾

步骤

第一步:请孩子用铅笔在画纸上随意画些线条。没有任何规范和要求,随心所欲地画就可以。这种画法最神奇之处

就是:构图越乱画出来的效果反而越好。

第二步:把各种颜色的颜料挤在调色板上,在画纸上铅笔线条构成的每块封闭区域里涂满一种颜色,直至把整张画纸涂满。

不必考虑配色,也不必担心最终效果,想用哪种颜色就用哪种颜色,还是随心所欲。只要注意一点:涂颜色的时候要按照由浅到深的顺序涂,以保持色彩的干净度。也可以多换几支画笔。

如果颜料太干,就用画笔蘸一点水调匀,但不要调太稀。涂的时候要厚厚地涂,让颜色够厚够饱满,不要露出画纸的底色。一层不够就等干了以后再涂一层。不同颜色之间可以留下一点空隙。

换取颜色之前要把画笔涮洗干净,并用毛巾吸干水。涮笔水脏了要及时更换。

如果孩子愿意,这个步骤可以由孩子独立完成。家长可以在最后把需要补色的地方补一补。

最后,准备一种深色的颜料。除了百搭的黑色,也可以配合整体色调选择深蓝、深紫或深棕色。用小号画笔蘸着选好的深色颜料沿着不同颜色的交

界处画一条粗线,把颜色之间的空隙盖住。不小心溅上去的水滴、颜料或污迹可以直接涂成圆点。全部涂完以后,抽象涂鸦画就完成了。

随意的涂鸦就这样神奇地变成了一幅色彩绚丽、构图别致的抽象画。它可以正挂,也可以倒挂,也可以横挂,也可以竖挂。不管从哪个角度看,都像是一幅令人惊艳的"抽象派大作"。把它装进画框,挂在墙上,家里会立即增添几分艺术感。

同一幅画作,不同的人还能解读出不同的内容:森林里的水洼、鲜花和草丛;一个人和很多动物在一起;神秘的梦境……

这个简单的涂鸦方法不但能让孩子练习涂色,培养色彩感觉,还能让他跟爸爸妈妈一起为自己的家亲手打造一件独一无二的装饰品,体会艺术创作的乐趣。

亲子游戏时间

爸爸妈妈和宝贝准备好绘画工具,一起创作一幅独一无二的抽象涂鸦大作吧!作品完成后,仔细观察一下,你联想到了什么?把你的想象与其他人分享一下吧!

小小创意漫画家

网络上曾经流传过这样一个故事:

老师在黑板上画一个点,问坐在下面的大学生这是什么,大学生们的反应是面面相觑:这就是一个点啊,还能是什么?

可是,同样的问题拿到幼儿园去问,小朋友们就能给出各式各样的答案:这是小米;这是星星;这是一只小虫子;这是我吃的点心上的芝麻……

这个故事不知是真是假,但儿童的想象力的确是胜过成年人的。想象力是一种宝贵的思维能力,是产生创意的基础。有一种创意漫画能很好地激发想象力。它利用生活中常见的物品,勾勒上几笔,就能变出一件赏心悦目的艺术品。它看起来很神奇,实际上并不需要专业的绘画技能,只需要一点想象力和幽默感,每个人都可以尝试。

它可以充满艺术性,也可以非常简单。

它既是艺术创作,又能激发儿童的创造力。

如若不信,就一起来试试看吧。

在玩这个游戏之前,家长要先和孩子一起搜集一些小物品。橘子、发圈、橡皮、棋子、纽扣电池、糖果、叶子……只要能摆在画纸上,什么物品都可以。每一个不起眼的小东西都有可能激发出一个精彩创意。

然后,家长选一样小物品摆在画纸上,让孩子想一想:它能让人联想到什么?我们能用画笔把它变成什么?

这个思考的过程是没有限制的,也没有唯一的正确答案,只要尽情想象就可以了。

接下来,家长鼓励孩子尝试一下。

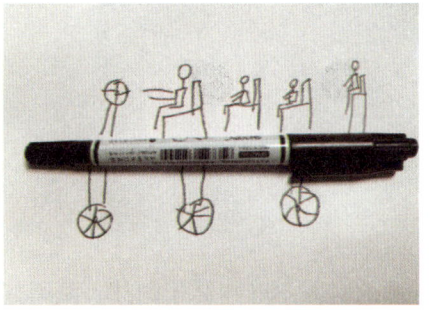

发圈可以变成小人,橘子可以变成卫星,笔可以变成车。

当然,它们还可以变成很多其他的东西。

只要展开想象,不起眼的小东西也会像被施了魔法一样,变成让人眼前一亮的作品。

孩子们很擅长这样的创造。他们的思维本来就是自由灵动的。

跟孩子相比,成年人的思维模式更固化一些。爸爸妈妈不妨也尝试画一下,和孩子一起放飞想象力。

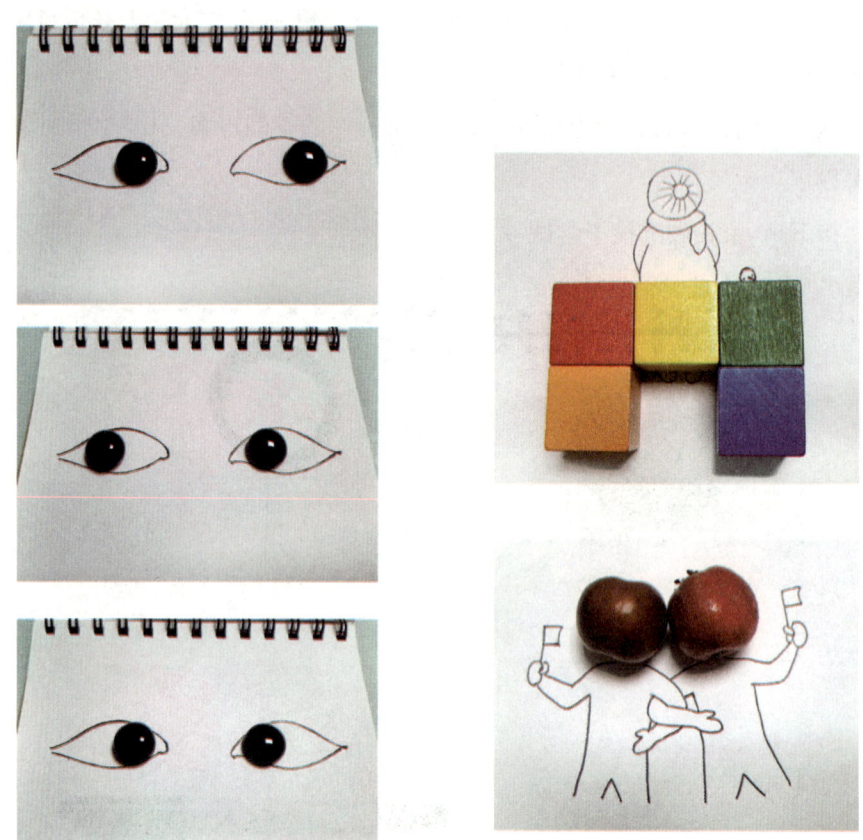

画的时候不必纠结于画技。画得好不好、像不像并不重要。好的创意才是最重要的。

其实,每个人都潜藏着无穷的创造力,创意就藏在每个人的脑子里。只要给予合适的机会,它们自己就会悄悄地飞出来。

亲子游戏时间

爸爸妈妈和宝贝一起寻找能放在画纸上的小物品。

◆ 选一样小物品放在纸上,想想看,它能变成什么?画画试试。

◆ 把它拿起来,放在另一张纸上,它又能变成什么?再画画试试。

◆ 和爸爸妈妈一起讨论讨论,看看还能想出什么点子?

◆ 让爸爸妈妈也试试看吧。

宝贝烹饪书

曾经看到一句话,让我很有共鸣:做妈妈久了,发现自己怎样能为孩子少做一点才是最难的。

在今天的社会环境和教育环境下,妈妈已经几乎跟孩子的生活完全捆绑在一起了,尤其是全职妈妈。在妈妈全天候的陪伴付出下,孩子的独立能力非常容易受到不利的影响。

有时候,我也想制造一些机会,让孩子参与到家务活动中,学习一些基本生活技能,比如做饭。然而,当我尝试着把烹饪过程拆解细分,才发现对孩子来说,烹饪还真是件挺困难的事。

首先,烹饪的环节很多。洗、切、腌、炝、炒……而且讲究一定的次序,不能随意更换,这对孩子来说的确不容易记忆。

其次,在烹饪过程中有很多细节要注意。诸如安全问题、卫生问题、口味问题……非常琐碎。别说孩子,就是大人有时也会有疏漏。

最后,烹饪要求的注意力和协调能力比较高。炒着菜,还要注意炉火大小,还要判断什么时候加水,什么时候加调料……怎么不让人手忙脚乱呢?

这么复杂的事情,怎样才能让孩子更轻松、更没有排斥感地参与其中并掌握一些技能呢?

有一天,当我思索着怎样更省力地教给孩子烹饪方法的时候,突然想到,大人有大人的菜谱,为什么不能给孩子做一本孩子的菜谱呢?做成以图画为主的、易于孩子理解的儿童式菜谱,让孩子按图索骥,边看边做、边做边看。这样,孩子在烹饪过程中就不必时时询问家长,也不会总是手忙脚乱、慌慌张张了。

我并不奢望孩子学会多么有难度的菜式,只是希望他饿了的时候能给自己简单准备点食物,在人生最基本需求这件事上承担一点责任,知道生活中的一切并不是理所应当的、从天上掉下来的。

于是,我给孩子做了一本"宝贝烹饪书"。

对儿童来说,图画比文字更易于接受。因此,儿童菜谱要以图画为主,文字为辅。呈现给儿童的信息要直观、生动、易于理解,每个步骤都要详细呈现,重要的提醒要标注清楚。

进厨房,当然要先了解安全知识以及一些常识,比如生熟分开。

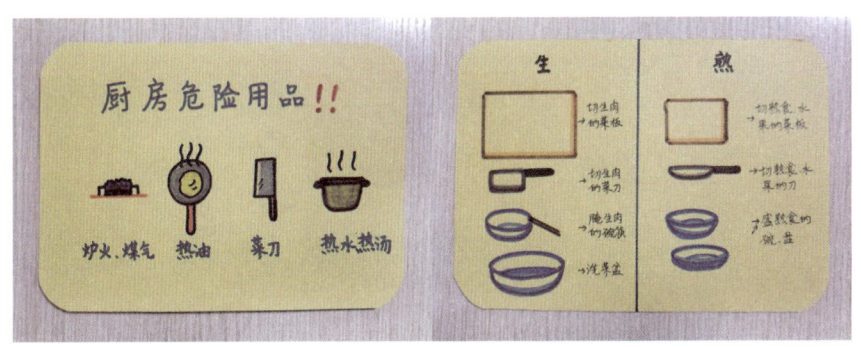

接下来可以画一些家常菜的制作方法,比如炒鸡蛋、炒肉片、炒青菜、蒸食物……切肉等难度较大的环节则由家长协助完成。烹饪完成后的收尾工作也很重要,让孩子一开始就养成对自己做的事负起全部责任的习惯。如果孩子年龄很小,可以给他画洗水果、切水果、拌沙拉等简单的内容。

应儿子要求,我还特意为他画了"西红柿鸡蛋面"的做法。

全部画完以后,做一张封面。用打孔器在纸张左侧打两个孔,穿入绳带系好(小金属环也可以)。调整一下绳结位置,一本原创的"宝贝烹饪书"就做好了。

以前想起来就觉得头大的烹饪方法,现在全收藏在这本书里了。孩子有了这本书,帮妈妈干活心里也有底了。

儿子照着这本书,完全独立地做了一顿面条,味道很不错。

不管孩子的成果味道如何,爸爸妈妈都要热情地称赞他们,让他们有信心继续尝试。

有了这本烹饪书,爸爸妈妈就可以适时地"装病"或"偷懒",给孩子制造尝试的机会了。

不过,孩子进入厨房以后,家长要时刻注意孩子的安全,安全永远是第一位的。

有时候,有些事情孩子不愿意去做,可能是因为他们内心有着大人所不了解的障碍。当我们从孩子的角度去体会,并为他们排除掉障碍以后,孩子的抗拒可能就会自然而然地消失了。

一本小小的"宝贝烹饪书",蕴含着爸爸妈妈的爱和信任,会成为孩子成长路上一份无声的力量。

亲子游戏时间

爸爸妈妈为宝贝量身定做一本"宝贝烹饪书",让宝贝体会一下做小厨师的感觉吧!

绳结娃娃

我是多大时学会系鞋带的呢?虽然记忆已经模糊,但我回想了一下:上了学开始穿运动鞋的时候,应该就会了吧?

可对现在的孩子来说,系鞋带却变成了一项很有挑战性的技能。八九岁还不会系鞋带的孩子比比皆是。原因不说也很容易想到:现在鞋子的设计太方便了!从学步鞋到运动鞋,从凉鞋到靴子,现在的童鞋几乎都使用魔术贴代替鞋带。魔术贴的确很方便,有了它,很小的孩子也能自己穿脱鞋子。可当已经长大的孩子还穿着魔术贴鞋子的时候,他学习系鞋带的时间点就被不断推后了。除了系鞋带,孩子打结、系绳的技能同样会受到影响。

其实,系绳结这个动作对儿童来说是有很多好处的。它能锻炼手部的小肌肉群,促进精细动作和手眼协调能力的发展,对孩子将来握笔写字也有帮助。既然好处这么多,就让孩子练起来吧!

可是,教过孩子系鞋带的爸爸妈妈都知道,这还真是一项考验耐心的任务。眼看上学就要迟到了,教小家伙系个鞋带,教来教去却怎么也教不会。这时候家长很容易失去耐心,孩子也容易产生挫败感。

其实,这项技能跟孩子学习的其他技能一样,要通过日复一日的练习慢慢掌握。不能指望在临出门的几分钟里让孩子学会。能不能在平时的玩耍中愉快地学会系绳结呢?为了实现这个目的,我设计了一个"绳结娃娃"。

"绳结娃娃"看上去有点复杂,其实制作方法很简单。需要准备的材料有:白色卡纸、一些毛线或棉线、一根丝带和两根鞋带类型的绳子。

先在白色卡纸上按照下图的样子画一个娃娃的轮廓,尽量画得大一些。

至于这娃娃为什么长着翅膀,还有一双方形的大脚丫,到后面就知道了。

剪下娃娃,画上五官,沿着头部上半部分的边缘均匀地画一圈小圆圈。

如下图,在两个"翅膀"的顶端和"方脚丫"的两边也画上对称的圆圈。

利用锥子、小螺丝刀等工具,在小圆圈标记处小心地钻出圆孔。注意不要把娃娃钻裂了。

接下来给娃娃做头发。准备一束一定长度的毛线或棉线(可以几种颜色掺在一起),从中分出一束粗细合适的棉线,穿过娃娃头上的圆孔,打一个结固定住。

把剩余的棉线分成同样粗细的线束,穿过娃娃头上的圆孔打结固定。纸娃娃就这样长出了"头发"。

全部穿好以后,把"头发"拢到娃娃背后,修剪整齐。

孩子就可以用它来练习编辫子、扎辫子了。

接下来,给娃娃画上刘海和漂亮的裙子。

如果不想让男孩玩太女性化的玩具的话,可以在第一步画娃娃的时候把裙子改成T恤短裤,再画上中性的图案和色彩。也可以把娃娃设计成超人或铠甲勇士等男孩子喜欢的形象。

取一根丝带,将两端穿过娃娃"翅膀"尖端的圆孔。

将"翅膀"向内折,就做成了一件"小披风"。

孩子可以在上面练习系蝴蝶结。

最后,将两根绳子用穿鞋带的方法穿在娃娃"大脚丫"两侧的圆孔里,孩子就可以在上面练习系鞋带了。

这个萌萌的"绳结娃娃"可以让孩子练习编辫子、系蝴蝶结和系鞋带,还可以换不同造型。

像玩过家家游戏一样,给纸娃娃梳梳小辫儿、系系鞋带,孩子不知不觉就学会系绳结了。

亲子游戏时间

爸爸妈妈和宝贝一起设计一下,动手做个绳结娃娃吧。做好以后,宝贝就可以给它编辫子、系鞋带了。和爸爸妈妈一起亲手制作的娃娃,宝贝一定会非常喜欢!

掌中太阳系

有一次,我和儿子一起听了一节天文课。看到各种规格的望远镜拍摄的星空照片时,我被深深地震撼了。

不管是闪着银色光芒的月球,还是无边无际的星海,都有一种令人窒息的神圣的美。目睹浩瀚而壮美的宇宙,我感觉自己如此渺小,有那么多的未知事物值得我们去探索……

我希望跟儿子一起了解宇宙,可是宇宙这么大,从哪里开始呢?不如就从离我们最近的太阳系开始吧。自己动手做个"掌中太阳系",看看我们身处其中的太阳系究竟是什么样的。

准备一些颜色鲜艳的彩色卡纸作为行星的制作材料。根据不同行星的特点,我为它们选择的颜色是:

水星——浅蓝色,金星——橙色,地球——蓝色,火星——红色,木星——浅黄色,土星——土黄色,天王星——浅蓝色,海王星——深蓝色。

当然,任何一个星球的颜色都无法简单归于一种色彩。事实上,在照片中看到的行星颜色也并不是它真实的颜色。我们只能根据在地球上的观察,给它们大致选一种颜色。

由于行星间体积差异过大,太阳系是没有办法按照真实比例制作的,只能按照相对大小来做。按照从大到小排序,太阳系八大行星依次为:木星、土星、天王星、海王星、地球、金星、火星、水星。

按照下页图中的大小比例,在彩纸上用圆规画出这八大行星(土星腰部要多画一个环形代表它的行星环),并分别标上名称。画的时候,别忘了给每颗行星画一条笔直的"尾巴",距离太阳越远的行星"尾巴"越长。有一句顺口溜可以帮助你记忆它们的远近顺序:

"水晶球,火烧木,变成土,天涯海角。"

其中每个加粗的字都代表一颗行星。"晶"代表金星。

将行星连同它的"尾巴"一起剪下来。最后再剪一个最大的橙色的圆代表太阳。

全部剪好后,用油画棒在行星空白的一面上色。

给水星随意地涂上些白色或灰色,代表它的大气层;

给金星涂上橙色;

用绿色在地球上涂出陆地的大致形状,再涂些白色表示大气层;

给火星涂上红色;

给木星用橙色涂一些发暗的环带和一个形状像眼睛的大红斑;

用棕色给土星涂一些环带,并把光环勾勒出来;

给天王星涂些白色;

在海王星上用深蓝色油画棒涂些暗环。

油画棒涂在卡纸上会产生一种有点模糊又有点粗糙的效果,类似星球表面的纹理。

接下来,在行星另一面写上它的英文名称和基本资料(详见附录)。

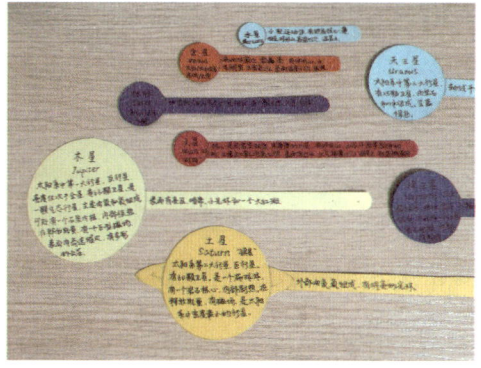

最后一步,在每颗行星的"尾巴"末端和太阳的中心用针扎一个小孔。把太阳放在最下面,在上面依次放上离太阳越来越远的行星,行星写有资料的一面朝上。让所有星球的针孔对齐,用打好结的针线依次穿过这些针孔,在另一面再打一个结,然后把多余的线剪掉。"掌中太阳系"就做好了。这个

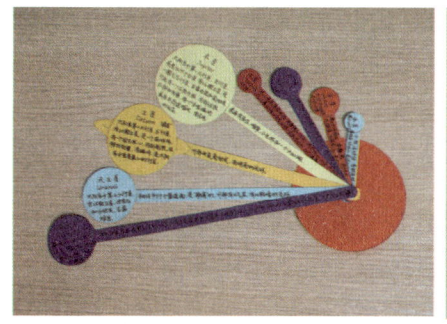

过程家长可以跟孩子一起完成。通过亲手制作，孩子的印象会更加深刻。

家长可以拿着它，跟孩子一起观察不同行星的位置、大小和颜色，模拟行星围绕太阳运转的情形，也可以随时翻过来查看各行星的资料。

在广袤的宇宙中，人类是如此渺小，但我们可以和孩子一起做一个小小的太空模型，放在手中观察它，认识它，体会它的神奇。

附录：

八大行星基本资料

水星（Mercury）：

又名：晨星、昏星。是太阳系中最小、最轻的行星。有铁质核心，薄地壳。表面有撞击坑。大气极稀薄，温差很大，地表温度可高达400℃以上。

金星（Venus）：

又名：太白、启明、长庚。是离地球最近的行星。表面有撞击坑，地貌复杂。大气稠密，主要成分是二氧化碳。地表温度可接近500℃，是太阳系中最热的行星。

地球（Earth）：

有46亿年的年龄。有一颗天然卫星：月球。

火星（Mars）：

又名：荧惑、战神，有2颗卫星。核心是高密度物质，有薄外壳。表面土壤含大量红色的氧化铁。有环形山、山谷、平原等各种地形。表面有水存在过的痕迹。大气稀薄，主要成分是二氧化碳。地表温度最低低于-100℃，最高接近地球温度。

木星（Jupiter）：

又名：岁星，太阳系中第一大行星。是一颗气态巨行星。亮度仅次于金星。有众多的卫星。主要由氢和氦组成，分液氢层和氢分子层。可能有一个石质内核。内部很热,在释放能量。有一个巨型磁场。表面有高速飓风。云层多彩,有亮区和暗带。有一个小光环。表面有一个大红斑。

土星(Saturn):

又名:镇星。太阳系中的第二大行星。也是一颗巨行星。有众多卫星。有一个岩石核心。内部非常热,在释放能量。有磁场。外部由氢、氦组成,和木星一样分液氢层和氢分子层。有明亮的光环。

天王星(Uranus):

由岩石和冰组成。外部有大气层,有比较暗的光环。天王星是"躺着"自转的。

海王星(Neptune):

八大行星中距离太阳最远的行星。由岩石和冰组成。可能有一个小型岩石地核。内部有热源,在辐射能量。地表温度在-200℃以下。是"最寒冷"的行星。大气由氢气和氦气组成。大气层变化频繁,形成大风暴。有暗淡的光环。

亲子游戏时间

爸爸妈妈和宝贝一起动手做个"掌中太阳系",观察一下八大行星吧。

图画消费日记

不知从什么时候起,"财商"这个词变得很热门,似乎已经成为现代人的必备素质。后来,甚至出现了"儿童财商"一说,意思是要从小培养孩子的理财能力,这样孩子长大以后才能成为一个财商高、善于理财的人。这种说法会让人不由自主地紧张起来:

我没有从小培养孩子的财商,孩子将来会不会竞争不过别人?

我自己财商都不怎么样,怎么培养孩子呢?

……

发展财商是这么让人有压力感的一件事吗?

其实,所谓财商,无非就是认识和使用金钱的能力。和孩子一起了解金钱的作用,认识金钱是怎样被使用和储存下来的,让孩子产生初步的收支规划意识,就是在给孩子打下财商基础。

父母也可以通过愉快的消费游戏,潜移默化地培养孩子的财商。

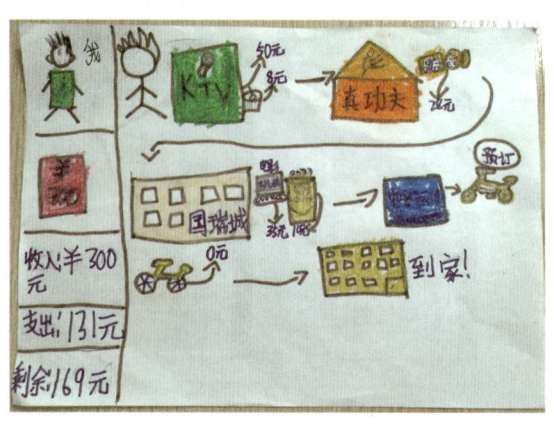

以上是一幅"图画消费日记"。

具体地说，就是让孩子把去了哪儿、干了什么、花了多少钱用画画的方式表现出来，最后计算一下花掉的总金额。

它可以让孩子对消费过程产生初步的认识和思考。

具体绘制方式可以参考下面这张图：

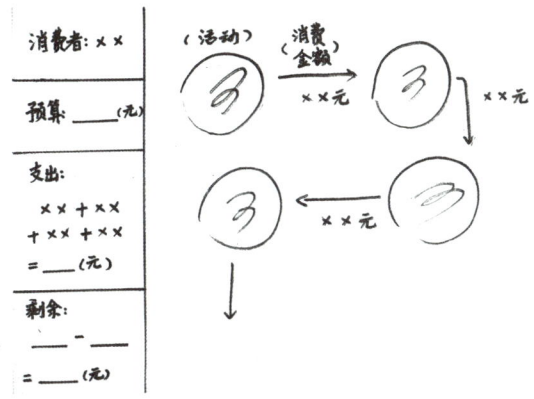

在左边列出预算、支出和结余栏，在右边把消费过程像画连环画一样画出来，并把每次消费的金额标在图旁边。最后在左边计算出支出总额和结余金额。

图不必画得很复杂，只要具有象征性，能看明白就可以。

例如，要表现"去餐馆吃饭"，可以画个餐馆招牌，也可以画个小人坐在餐桌旁，还可以只画个盛着菜的盘子。

要表现"去商场购物"可以画个商场招牌，也可以简单画出购买的东西。

在这个过程中，孩子会觉得像在画故事，又像在创作连环画，会感觉乐趣十足。

在画图的过程中，孩子能直观地看到钱是怎样一步步被花掉的，也能逐渐了解不同消费行为的花费水平。这样，孩子对消费的概念就有了一个初步的认识。

同时，这个游戏还能让孩子练习记账和加减运算，可以说是一次图画版的记账练习。

等孩子通过画消费日记熟悉消费过程以后，家长就可以跟孩子一起讨论收支规划的问题了。

拿起笔，和孩子一起画一画，财商培养并没有想象中那么难。

亲子游戏时间

◆ 爸爸妈妈和宝贝一起回忆一下最近一次的出游过程，请宝贝在纸上画一幅消费日记吧。画完以后，请宝贝计算一下当天的支出和结余。如果宝贝觉得困难，可以请爸爸妈妈帮忙一起计算。

◆ 下次出游的时候，宝贝可以带上一个小本子，先把总预算记下来，再把出游中的每笔支出记下来。回家以后，宝贝就能马上把消费日记画出来了。画好以后，宝贝和爸爸妈妈一起计算一下支出总额和结余，想想有没有超支？哪项支出不合理？下次可以怎样避免？相信宝贝慢慢就会变成一个理财小能手！

星空投影仪

六岁那年的夏天,我和家人一起去农村亲戚家度假。一个晴朗的夜晚,我和家人躺在房顶乘凉,头顶是一片辽阔的夜空。夜越来越深,星星逐渐布满了夜空。银光闪闪、大小不等的星星,营造出一种梦境般的氛围。突然,我的眼睛捕捉到了银河的轮廓!

虽然已经过去了几十年,我依然清晰地记得当时小小的心灵感受到的强烈震撼。浩瀚、璀璨的银河如瀑布般自天穹泻落,静静地悬挂在天地之间,美得无法形容,壮观得让人忘记了呼吸。这是自然之美给一名孩童最初的心灵洗礼。可惜这样的机会非常少,后来我再也没有见过如此壮观的景象。

生活在城市中,孩子能看到星星已属不易,遑论星海、银河?想到儿子更觉心酸,没有星星的童年……到哪里才能和他一起尽情地看星星、认星座呢?

很久以来,我都希望能在卧室里营造出星空的感觉,也曾买过星空投影玩具。可那种幻灯片给出的感觉离我的期望还是有点距离。在网上看到的星空投影灯,也总是带着浓浓的迪厅球灯的味道……

于是我决定自己动手。在进行了几次尝试之后,我终于找到了一个理想的办法,一个真正能在卧室里看到星空的办法:自制简易"星空投影仪"。它制作起来非常简单,只需要一张纸、一根针和一把锥子。

首先,在网上找一张星座图,打印出来。

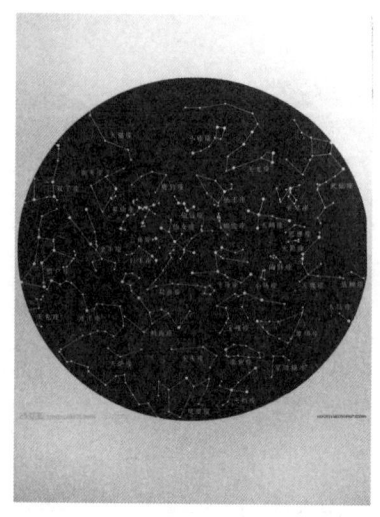

由于每颗星星在地球上看起来的大小和亮度各不相同,使用不同的工具制作才更接近真实。用锥子和针在星座图每颗星星对应的点上扎出小洞。大星星用锥子扎,小星星用针扎。这个过程也可以让孩子完成,但要注意安全。星星全部扎好以后,对着灯光看看,星座就会神奇地出现在眼前。

天黑以后,关掉灯,拉上窗帘,打开手电筒,将光束照向星座图。美丽的星空就出现在卧室的墙壁上了。

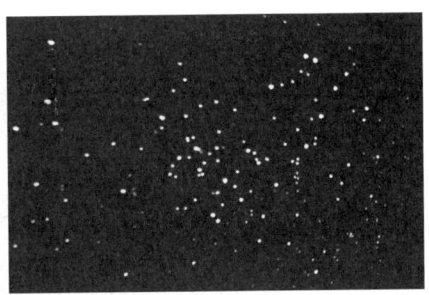

让手电筒和星座图远离墙壁,星星会变得大而朦胧,有种梦幻的感觉。靠近墙壁,星星会变得明亮而清晰,便于孩子辨认。适当调整距离,就能找到最佳观察效果。几十个星座,每一个都可以慢慢寻找,仔细观察。

最容易找到的是小熊座(北斗七星):

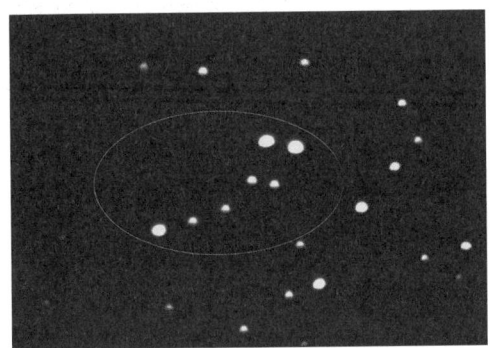

然后是W形的仙后座和像一个高高的王冠的仙王座:

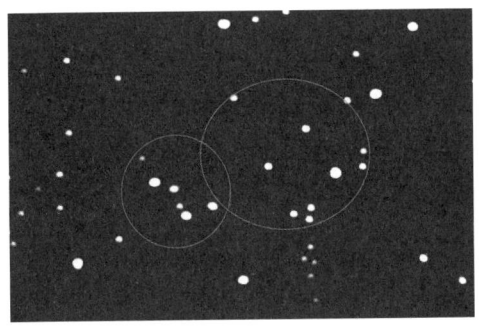

还有十字形的天鹅座：

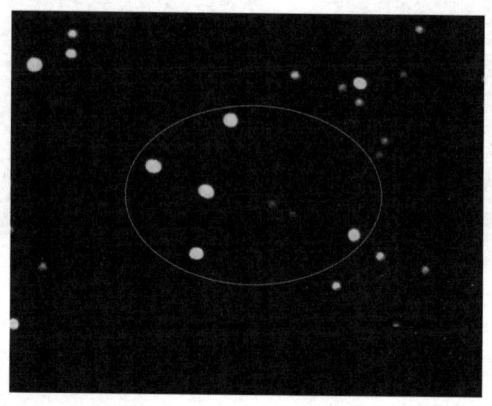

……

遥远的星星变得触手可及。

有了这个"星空投影仪"，即便身处大城市，也可以体验到观星的乐趣。

> **亲子游戏时间**

　　爸爸妈妈打印一张星座图，把它做成"星空投影仪"，和宝贝一起认识星座吧。

会变魔术的绳子

有时带孩子去商场,在儿童玩具区转,不一会儿就感觉眼花缭乱,头晕目眩。各种高大上的乐高套装、模型套装、芭比娃娃套装……不仅价格一个比一个昂贵,包装盒也是一个比一个巨大。然而这样的玩具买回来后,孩子玩不了几天便束之高阁。玩具厂商的套路很深,不断推出新模型、新角色,让孩子陷入收集的狂热之中无法自拔。这令人不由得担忧:照这样发展下去,将来房间里得腾出多少空间来存放孩子的玩具啊?想想自己小时候,皮筋、沙包、石子、毛线……这些简单甚至原始的玩具,却可以让我们入迷地玩很久很久。

游戏的快乐不是由玩具的价格和精美程度决定的。其实,有些不用花钱、看起来毫不起眼的东西也是很好的玩具。比如一根普普通通的绳子,只要把两端系在一起,做成一个环,就可以用来玩有趣的"变魔术"。

怎么变魔术呢?其实很简单,只要把它放在桌面上摆摆弄弄、调整调整,就可以"变"出各种各样的物品。

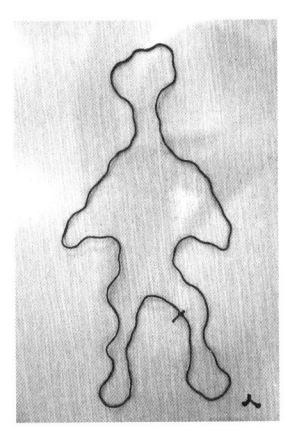

如果用纽扣、硬币、珠子等物品装饰一下，就更生动了。

 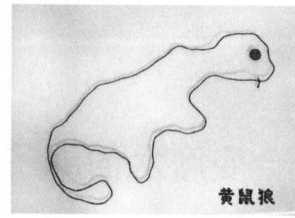 

还可以多加一些装饰物，使它呈现出更华丽的效果。

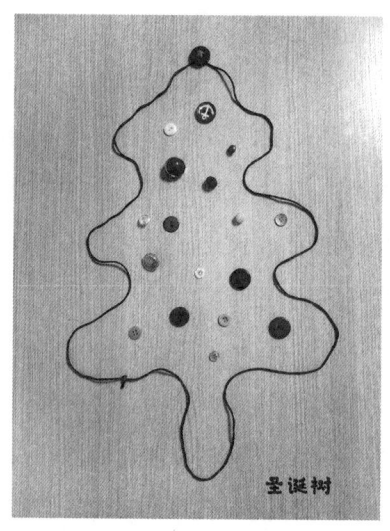

这个游戏既需要想象力，也需要把脑中的形象具象化的能力。孩子开始摆的时候可能觉得自己总摆不像。的确，用柔软的绳子来造型并不是一件很容易的事。开始的时候家长可以给孩子一点帮助，帮他固定住摆好的部分，在他遇到困难的时候给予鼓励。孩子试着试着就会越来越有感觉了。

即使孩子摆得一点儿都不像也没关系，这是他个性化的表达方式。不管在旁人眼中看来如何，只要孩子觉得摆的是自己心目中的形象就可以，就是值得鼓励的。

绳子、纸、水、沙子、泥巴(或者橡皮泥)……这些看起来像"基础材料"的东西,其实是最棒的玩具。它们的形态没有固定限制,可以产生无限的变化。比起很多昂贵的玩具,它们能激发更丰富、更自由的想象力,给孩子带来更多的发挥空间,从而激活孩子的创造力。

亲子游戏时间……………………………………………………………

- ◆ 找根绳子,用它来摆一摆,看看能变出什么?让别人猜一猜。
- ◆ 随便摆个形状,看看它像什么?
- ◆ 找些纽扣或硬币等小物品,把你的作品装饰一下吧。
- ◆ 你还能想到用什么东西来装饰?试试看。

跟玩具小人学交通安全

有一次,我在网上看到一个视频合集。里面的内容让每个做父母的看了都心生恐惧。

一个个懵懂可爱的小孩子,有的蹲在地上玩,有的在街上跑……却不幸被疾驰而过的车辆撞倒、碾压……惨不忍睹!

这个视频我没有勇气看完。对父母来说,孩子遭遇这种惨祸,那就是世界上最最可怕的梦魇。

我们无法减少城市中的汽车保有量,也无法迅速改善交通状况,但作为家长的我们,可以把重要的安全知识告诉孩子,讲解每个安全细节,从小教育孩子自我保护。

可是,如何才能让孩子从交通事故中吸取教训且不留下心理阴影呢?怎样让孩子理解复杂的交通安全知识呢?其实,家长自制一套"交通安全玩具",便能解决这个问题。

手绘一张十字路口图和一张停车场图,用玩具小人和玩具车进行演示,抽象的交通安全知识就变得生动直观而易于理解了。

图并不需要画得多么精美,只要能体现出马路上的不同区域就可以了。平时这些图还可以当孩子的玩具。

画好图以后，家长就可以拿出玩具小人和玩具车，为孩子演示以下交通安全知识了。

（1）小孩子绝不能一个人在停车场或路边停放的车辆附近玩耍。

（2）汽车是有盲区的。很多悲惨的事故都发生在停车场和停车位周围。儿童体形小，蹲下来高度更低，很容易被车中的司机忽视。

家长拿着玩具车假装启动，将停车场里的玩具小人撞倒。告诉孩子，在停车场里一定不能单独行动，要拉着大人的手，跟大人一起走。

2. 千万不要靠近正在倒车、停车、调头或转弯的车辆。

有些车辆虽然速度慢下来了，但因为正在调整方向，操作上有可能出现失误。行人无法进行准确预判，很容易出事故。

家长模拟玩具车在倒车、停车、调头、转弯时撞倒玩具小人的情景，并告诉孩子，看到这些慢慢移动、准备转弯的车时，一定要尽量离它们远一点，等它们离开后再走，或者换一条安全的路线走。

（3）走在人行道上的时候，不要太靠近路沿，要当心那些紧贴着人行道飞驰而过的电动车、摩托车和逆行车辆。

家长用玩具车模拟电动车和逆行车辆撞倒玩具小人的情景，并告诉孩子，有很多电动车、摩托车、自行车和逆行车辆会紧贴人行道行驶，走路的时候要靠人行道内侧走，尽量跟它们保持距离。

（4）过马路的时候，要等对面绿灯亮起，然后往左右两边看看，确定没有闯红灯的车辆，再从斑马线上走过去。千万不要跟车辆抢路。

家长模拟玩具车在路口闯红灯及转弯时撞倒玩具小人的场景，并告诉孩子，即使走在斑马线上，也要随时留意可能闯红灯的车辆，尤其是电动车。另外还要当心转弯的车辆。

（5）不可以横穿马路，更不可以从车头前方过马路。

家长模拟玩具小人从玩具车头前方横穿马路、被后面驶来的车辆撞倒的情景。告诉孩子，车头（特别是大车车头）会挡住视线，让行人看不到后面开过来的车，很容易发生危险。

提醒孩子下公共汽车后不要乱跑，要先观察车尾的路况，没车经过时再走到人行道上。

（6）乘坐小轿车下车时要等车完全停稳，经过大人的允许，再从靠人行道一侧的车门下车。绝对不可以自行下车，更不可以从另一侧下车。

家长模拟玩具小人从靠近马路一侧的车门下车、被后方驶来的车辆撞倒的情景，并告诉孩子，从靠近马路一侧的车门下车导致的事故是非常多的！

除了以上内容，还有很多交通安全知识，家长和孩子都要牢记。例如，开车前和倒车前驾驶员要仔细观察车辆旁边是否有儿童；乘坐轿车的时候，儿童不可以坐前排副驾驶的位置,要坐后排,要使用儿童安全座椅,并系好安全带;车辆行驶中车内的人在行驶途中不可以把身体的任何部位伸出车窗;不可以把儿童单独留在车内;儿童不可以在有车辆经过的街道上追逐玩耍等。

当孩子亲眼看见玩具小人遇到的"危险"后,交通安全问题就会在脑中留下鲜明而深刻的印象。借助玩具小人的帮助,孩子就可以轻松地理解复杂的交通安全知识了。

希望每个孩子都拥有安全美满的童年。愿可爱天使不再折翼。

亲子游戏时间

爸爸妈妈和宝贝一起画一张十字路口图和一张停车场图,再找出玩具小人和几辆小玩具车,模拟一下道路上可能会发生的危险状况,一起学习一下交通安全知识吧。

大 牙 先 生

如果问这样一个问题:"你家的宝贝喜欢刷牙吗?"

恐怕大部分爸爸妈妈都会苦笑。

对大人来说刷牙都是一件麻烦事,别说孩子了。这个世界上有真正热爱刷牙的人吗?

拿我儿子来说,三岁时开始学刷牙,成习惯后固定早晚各刷一次。可即使有了这么多年的"刷龄",他刷起牙来还是马马虎虎。

有一次,我仔细检查儿子刷好的牙,发现上面竟然结有牙垢。

原来他刷牙只求速战速决,每次都疾风骤雨一般,上下左右草草刷个十几下,就漱口收工了。

牙医叔叔曾经拿着牙齿模型和牙刷,给他仔细讲解和演示过正确的刷牙方法,可儿子还是因为嫌麻烦而"偷工减料"。

怎样才能用孩子愿意接受的方式引导他好好刷牙呢? 手边要是有个牙齿模型就好了……

于是,我做了个"大牙先生",让它来帮我的忙。

首先,在白色纸板上画出上下两排牙齿。具体形态可以参考网络上的牙齿图片。

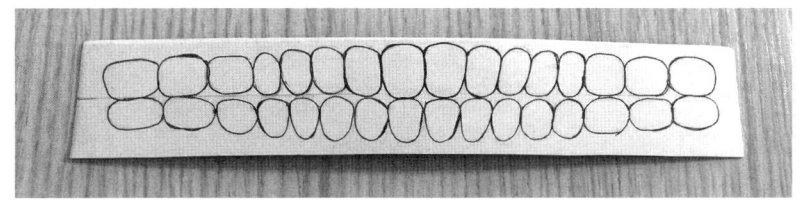

把两排牙剪开,在每排牙的左右两端各扎一个小洞。将白色塑料扎带穿过小洞,把两排牙连接起来。

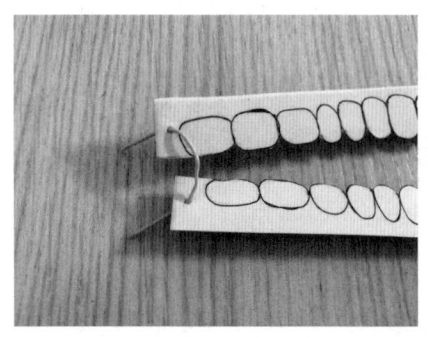
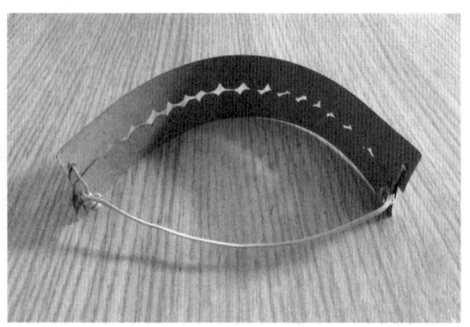

一个可以自由开合的纸牙模型——"大牙先生"就做好了。

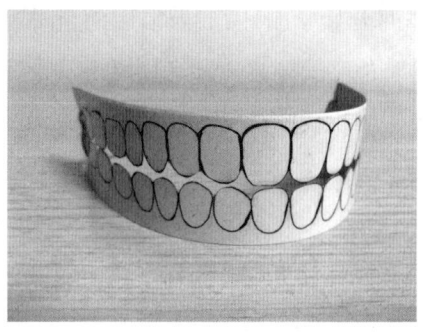

牙齿模型也可以从网上买到,但妈妈亲手制作更有爱。看到妈妈为自己亲手做的"大牙先生",孩子会感到非常亲切。而且,纸质模型还很轻便,不占据空间。

有了牙齿,还要有牙刷。牙刷制作起来很简单,只要在纸板上画出一个轮廓,剪下来就可以了。

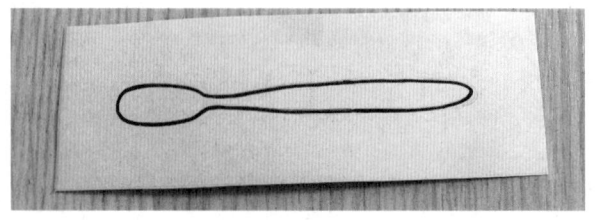

为了使效果更逼真,我按照牙刷头的轮廓剪了一块防磨垫,粘在牙刷头上当刷毛。防磨垫也可以用海绵、毛毡、厚布等柔软厚实的材料代替。

晚上孩子刷牙之前,家长就可以把"大牙先生"请出来了。

"宝贝,给你介绍个新朋友。这是大牙先生。这是他给自己刷身体时用的牙刷。"

孩子一定会感觉很新奇。可以让他先熟悉一下大牙先生,动手摸一摸,玩一玩。

然后,家长告诉孩子:"大牙先生不太会刷身体。你看,他身上没刷干净,都长出难看的牙菌斑了!"

"啊!这里还有了牙洞!要去找牙医叔叔钻牙补牙了!"

"牙菌斑"和"牙洞"可以事先用铅笔画在牙齿上。

"大牙先生需要帮助。来,我们教教他怎么刷牙吧!"

家长一边讲解正确的刷牙方法,一边和孩子一起用纸牙刷给大牙先生刷身体:

(1)刷牙的时候要上下刷,不要左右刷,不然会损坏牙齿的。

(2)刷的时候要特别注意靠近牙缝和牙龈的地方。

(3)每颗牙都有三个面:外面、里面和咬合面。每个面都要好好刷。先刷完外面,然后刷咬合面。咬合面上有很多容易藏细菌的小沟沟,一定要仔细刷。最后刷里面。牙齿的里面好难刷啊,怎么办呢?把牙刷竖起来就能刷到了。一颗一颗仔细刷,不让讨厌的细菌藏身。

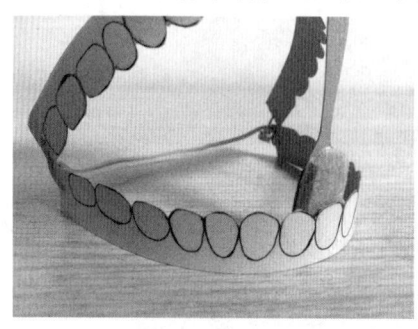 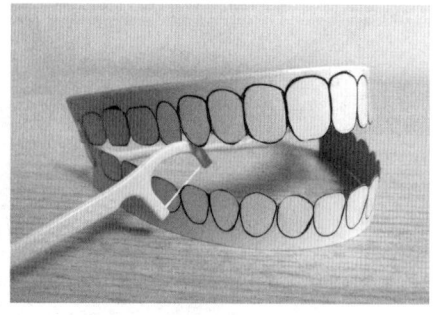

(4)如果牙缝里塞了食物残渣,用牙刷是刷不掉的。这时候就要让牙线来帮忙了。要不然很容易出现龋齿的!

讲解完以后,对孩子说请他给"大牙先生"做一下示范。这时孩子会非常认真地刷牙。

有了"大牙先生",家长在给孩子讲解口腔卫生保健知识的时候,就更方便、更直观了。孩子也更容易接受。

不必让"大牙先生"每天都陪着孩子刷牙。每过一段时间,当孩子刷牙出现懈怠、对刷牙方法的记忆也有些模糊的时候,家长就可以再次拿出"大牙先生",跟孩子重温刷牙知识了。

家长要求孩子做他不太喜欢的事情时,想办法加入一点趣味性,也许孩子就不会那么排斥了。

▶ 亲子游戏时间

爸爸妈妈跟宝贝一起做个"大牙先生",一起学习一下正确的刷牙方法吧。让宝贝跟"大牙先生"一起刷刷牙,看看是不是都能刷得很干净?

大白的诞生

"妈妈,我是从哪里来的?"这是一个永恒的问题。

怎么回答孩子?垃圾桶里捡来的,乌鸦叼来的,河里漂来的,收废品的老爷爷卖给爸爸妈妈的……这些是跟这个问题一样古老的答案。

孩子问出这个问题,是对自己的生命本源产生了好奇和思考。对孩子的成长来说,这是一个宝贵的时刻。在这样一个重要时刻,丢给孩子一个敷衍的回答,实在不够尊重孩子的求知欲。

我在书上看到过这样的观点:孩子的性教育最好从三岁前后就开始,最晚不要超过六岁。因为六岁以前的孩子是最纯真的,学习任何知识对他来说都像认识大树、太阳一样,是非常自然的。

另外,我也非常赞同《好妈妈胜过好老师》一书中的观点:每次孩子提出与婚姻、性有关的问题的时候,恰恰是一个向他传导正确婚恋观的好时机。因此,对孩子提出的这些问题,家长不仅不应该回避,反而应该珍惜。

作家三毛曾经在非洲见过土著做的"怀孕的木雕娃娃",毕淑敏也曾在纽约见过可以打开肚子观察内脏的"人体模型娃娃"。每次想到这些,我都很羡慕。我也想让孩子玩这种玩具。虽然没有木娃娃、模型娃娃,但我可以自己动手做个"大白"纸娃娃,给孩子演一出"大白诞生记"。

我之所以选用大白的形象,是因为:

第一,它是孩子们熟悉和喜欢的动画形象,容易被孩子接受。

第二,它轮廓简单,好画又好剪。

第三,它虽然不是人,但跟人一模一样。即使不跟孩子说妈妈生宝宝跟大白妈妈生大白是一样的,孩子也能自动领悟。

制作方法:

先制作大白妈妈。找一张白色卡纸,在上面画一个跟大白长得一模一样的大白妈妈,并在她的肚子上画一条弧线。把大白妈妈沿轮廓剪下来,并且沿着肚子上的弧线剪出一个"小窗",如下图所示。然后在大白妈妈的背面贴一张比"小窗"略大的正方形纸板。注意:下面的那条边不要粘住。打开肚子上的"小窗",就可以看到大白妈妈肚子里的小宝宝了。为了跟大白区别开,给大白妈妈加上一头卷发。大白妈妈就做好了。

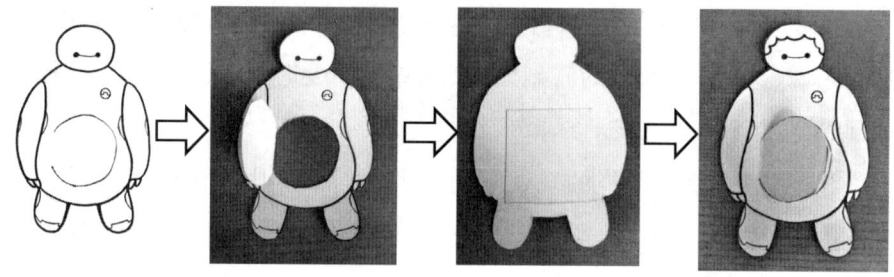

接下来,剪几个大小不等的"保龄球瓶",在上面简单勾画几笔,不同胎儿时期的大白也就做好了。分别将它们编号为1号大白、2号大白、3号大白和4号大白。

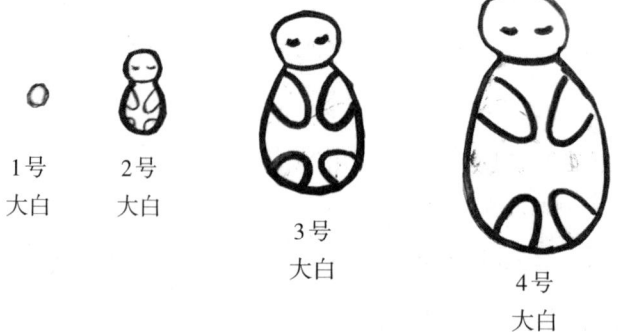

现在,妈妈可以给孩子讲讲大白诞生的故事了。

大白诞生记

大白妈妈怀上了一个宝宝。对,就是大白。大白现在只有一个月大,还只是个一丁点儿大的小肉团呢。(把1号大白放入大白妈妈肚子里。)大白妈妈现在没有什么明显的感觉,只是有时吃东西时会觉得恶心,想吐。这是因为,这个时候,她吃下任何一点有毒的东西都对大白不好,妈妈的身体是为了保护大白才产生这样的反应的。

慢慢地,大白两个月了,三个月了。他现在比以前大了一点儿,长出了内脏,有了心跳。妈妈也不像前几个月那样容易犯恶心了。(把2号大白放入大白妈妈肚子里。)

四个月,五个月,大白不但长得更大了,还会在妈妈肚子里活动了。妈妈的肚子也明显变大了。

等大白长到六个月,就能听到妈妈的心跳和说话声了。(把3号大白放入大白妈妈肚子里。)

七个月的时候他有了呼吸。

八个月的时候他开始有光感了。

大白越长越大,妈妈的负担也越来越重。现在妈妈的肚子变得很大,走路、睡觉都困难了,可是大白还要在妈妈肚子里再长一段时间才能出生呢。怀个宝宝可真不容易啊!

到了第九个月,大白的内脏也发育好了。他在妈妈肚子里换了个姿势,变成脑袋朝下了。为什么呢?因为宝宝出生的时候都是头先露出来的。(把4号大白放入大白妈妈肚子里。注意,此时大白是头朝下的。)

终于到了大白在妈妈肚子里的最后一个月——第十个月。他已经做好准备来到世界上啦!妈妈的肚子变得非常大,行动变得很不方便,睡觉的时候也难受极了。大白在妈妈肚子里待了这么长时间,妈妈真是累坏啦!

有一天,大白妈妈的肚子突然疼起来,大白爸爸把她送到了医院。在医生和护士的帮助下,大白妈妈把大白生了出来。(把大白缓慢地从大白妈妈肚子下方拉出来。)

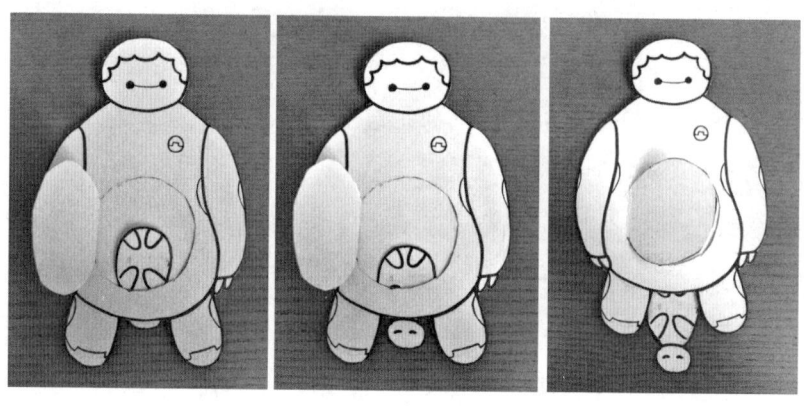

这个过程非常疼,也非常困难。但为了宝宝,大白妈妈勇敢极了,用尽全身力气完成了这个任务。

现在,她有了个世界上最可爱的宝宝:大白。

每个孩子的接受程度不同,故事的结尾部分家长可以根据自己的情况作一下改动。在我看来,这样清楚直观的展示是有必要的。如果孩子继续追问更多的细节,家长可以根据情况简单明了地回答。实际上,越是坦然讲解,孩子的好奇心就越没有那么强烈。

在我给儿子讲大白诞生故事的时候,儿子边听边画了一幅"胎儿大白发育图"。

看来这个故事还引发了他的科学探究精神。

最后,在我讲完大白的出生后,平时表现很淘气的儿子抬起头,认真地看着我,说:"妈妈,你生我的时候,也是这么辛苦啊!"

亲子游戏时间

请妈妈动手做一套大白母子纸娃娃,给宝贝讲讲大白诞生的故事吧。

寻 宝 图

我是个方向感很差的人,在商场里都会迷路。但我心里明白,这并不是因为我天生就缺乏方向感,而是因为生活中需要我自己判断方向的机会太少了。

方向感也是一种能力,是用进废退的。所以,增强方向感的方法就是去使用和练习。

练习方向感,有没有有趣的方法呢?

有,和孩子一起画幅"寻宝图"吧!

寻宝?相信一听到这样的词,孩子就会兴奋起来。

家长先将一样物品藏在家里某处,然后对孩子说:"宝贝,我们来玩寻宝游戏吧!咱们家里藏着一个宝贝,你先把咱家的地图画出来,然后我标上藏宝地点,你就能根据地图去找了。"

接下来,家长和孩子一起尝试绘制一下自己家的平面图。

家长可以用提问题的方式启发孩子思考:

"咱们家的大门在哪里?进门以后看到什么东西?咱们的卧室在哪里呢?卧室里的家具是怎么摆的?……"

如果孩子从未做过这样的尝试,这对他来说会是一项陌生和困难的任务。家长要和他一起对照着真实的房间位置,慢慢思考,慢慢补充,慢慢修正,直到把地图完成。即使最后的成品不完善、有错误也没关系,孩子在绘制的过程中已经有了收获,以后会越画越好的。

画地图的时候可以把四个方位标在地图的四边,让孩子逐渐熟悉绘制地图的规则。

画完以后，家长在地图上藏东西的位置用红笔点一个点，告诉孩子："我们要找的宝贝就在这里藏着，你拿着这张寻宝图去找找吧！"

根据地图寻找特定目标，孩子需要把现实中的对象与地图上的标识对应起来，然后运用方向感进行定位，找到目标。这个过程不但能锻炼孩子的方向感，还能开发他的空间思维能力和逻辑推理能力。

画完自己家的地图，家长还可以跟孩子一起画自己家所在的小区、常去的公园、常去的游乐场等场所的地图。画好以后，家长可以跟孩子一起在地图上寻找某个特定对象(如花坛、树、小卖店、雕塑等)的位置，还可以画出寻找它的路线图。下次去这些场所的时候，可以带上这张"寻宝图"，去实地寻一下"宝"。

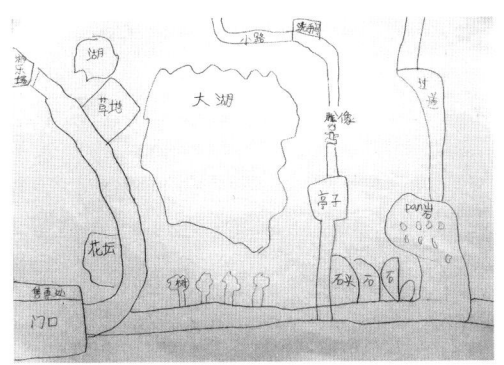

一张小小的寻宝图，能让孩子思考空间与方位的问题，也能让他在脑中建立起地图与实景的联系，对孩子空间思维的发展是很有好处的。

亲子游戏时间

◆ 爸爸妈妈和宝贝一起画自己家的平面图，让宝贝拿着它去找找"宝物"吧。

◆ 给自己家的小区也画张地图吧，找找里面有些什么"宝贝"。

◆ 能画出经常去的公园的地图吗?

◆ 还有经常去的游乐场、奶奶家或姥姥家、宝贝熟悉的其他地方……都可以画画试试。下次去这些地方的时候,别忘了拿着"寻宝图"去"寻宝"啊!

亲戚卡片

有一天,我随口问七岁的儿子:"如果你爸爸有个弟弟,你应该叫他什么呀?"

他想了想,说:"姨父。"

真不知道亲戚关系在他脑子里是怎么排列的!是因为中国的亲属称谓太复杂吗?

可再一想,我们这代人的父母一般都有兄弟姐妹,还有七大姑八大姨,各种亲戚关系基本上都有。虽然我自己小时候也不太明白他们相互之间是什么关系,但走亲戚的时候,"大姨""二姑""三舅"这些亲戚是活生生地站在眼前的,是有真实的感性体验的。

但我们这代人很多是独生子女,我们的下一代天然就少了很多亲戚关系。而且,在今天的社会环境下,很多人远离家乡,一年到头与亲戚往来不多。孩子没有大家庭的成长环境,对各种亲戚关系自然会感到陌生。

怎么让孩子弄明白那些从没在他生活中出现过的亲戚之间的关系呢?

我想到一个办法:玩卡片。

用卡纸裁一些小卡片,把基本的亲戚关系写在上面,在背面写上对这个亲戚关系的解释。让孩子先弄明白这些亲戚关系是怎么回事。

这些基本的亲戚关系包括：

爸爸、妈妈、爷爷、奶奶、姥姥、姥爷、伯伯、伯母、叔叔、婶婶、姑姑、姑父、舅舅、舅妈、姨、姨父、堂哥、堂姐、堂弟、堂妹、表哥、表姐、表弟、表妹。(根据本地习惯的称呼方式而定。)

最后一张卡片写"小明"。之所以不用"我"或者孩子的名字，是因为孩子可能会有这样的"执念"："不对！我没有叔叔！""我没有堂妹啊！"

亲戚卡片的玩法有：

1. 猜猜他是谁

给孩子看卡片背面的关系解释，让孩子想想，小明应该叫这个人什么呢？然后翻到正面，看看说得对不对。

2. 家族关系网

可以先从最近的亲缘关系开始摆放，直到把所有的卡片都摆进去，形成一张亲戚关系图谱。这个过程有点像拼拼图。刚开始孩子可能需要家长的帮助，家长要耐心地跟孩子一起慢慢想，慢慢找，慢慢拼。在拼摆的过程中，孩子对亲属关系的脉络就会有越来越清晰的认识了。熟悉了以后，他就可以完全依靠自己连接起整个亲戚关系网。

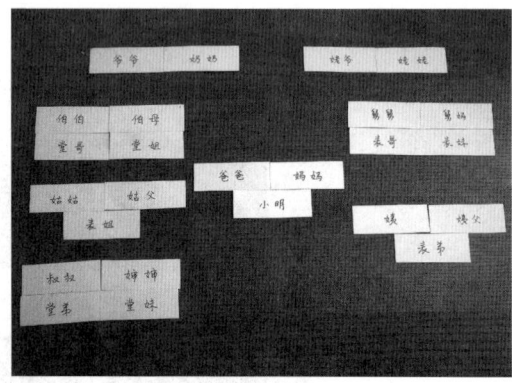

3. 家族树

这一次从辈分最高的亲戚开始往下摆放卡片，直到最后形成一棵倒放的"家族树"。从不同角度去看亲戚关系，更有助于孩子的理解和记忆。

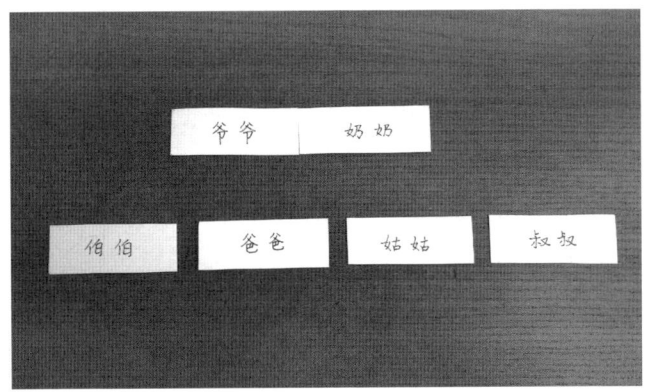

4. 他俩是什么关系

挑出两张卡片,让孩子想想他们是什么关系?这个玩法可以从最简单的关系开始,慢慢增加难度。如果孩子觉得困难就停下来。

5. 挑挑看

请把爷爷奶奶生的孩子挑出来;

请从卡片里挑出两对父子;

请从卡片里挑出两对姐妹;

……

这种玩法有点像智力游戏。孩子要先理解条件,然后根据条件在众多选项中进行排除、选择。

6. 排排序

挑出几张卡片,让孩子按照辈分排排序。通过排序,孩子对辈分的概念会有更深的认识。

亲戚关系是一种次序,是有逻辑性的。玩亲戚卡片不但能让孩子了解亲戚关系,还能锻炼孩子的思维,发展他的逻辑推理能力。

◀ 亲子游戏时间 ···

　　爸爸妈妈和宝贝一起给小明做一套亲戚卡片,玩玩认识亲戚的游戏吧。

谁是卧底

不管对孩子还是对大人来说,学习似乎都不是一件容易的事。即使是成年人,晚上也总是拿起手机就精神抖擞,一换成书就秒打瞌睡。

可是,电视上的知识竞答类节目为什么就能引起观众的强烈兴趣呢?如果能结合有趣的游戏形式,枯燥的知识学习是不是就能增添一层吸引力呢?按照这个思路,我参照曾在电视上看过的很有意思的游戏设计了这个"谁是卧底"的游戏。

游戏方法:

为参与游戏的家人每人准备一本知识类的书或百科全书。再按照人数准备好相应的扑克牌数量。这些扑克牌中只要一张黑花色,其余的都选红色。

全家围在桌边,每人拿着自己的书。将准备好的扑克牌理好,背面朝上放在中间。

每人抽一张牌,看清花色,再把牌重新背面朝上放好。这时,每个人就都知道自己的身份了。抽到红牌的人是"好人",抽到黑牌的人是"卧底"。

接下来,每人在自己的书中找出一个简短的知识点。所有人都找好以后,大家轮流说出自己找到的知识点。但抽到黑色扑克牌的人(也就是卧底)会把知识点中的一个关键内容改成另一个具有迷惑性的内容。也就是说,抽红牌的人说出知识点的正确内容,抽黑牌的人说出经过改动的错误内容。

例如,原来正确的知识点是:古埃及的太阳神叫"拉"。

可以把它改成:古埃及的太阳神叫"阿波罗"。

澳大利亚最早的移民是来自英国的囚犯。

改成：澳大利亚最早的移民是来自英国和法国的囚犯。

每个人都说完以后，大家根据知识点的内容轮流猜测谁是真正的卧底。全部猜完以后，大家一起把扑克牌亮出来。如果卧底被猜到了，就是"好人"赢；如果卧底没被猜到，就是"卧底"赢。

最后，每个人把自己选择的知识点的正确内容讲解一遍，给大家加深一下印象。

"阿波罗是古希腊神话里的神。古埃及的太阳神叫'拉'。"

"澳大利亚最早的移民是来自英国的囚犯。因为那时候澳大利亚是英国的殖民地，英国政府把那里当作罪犯流放地。"

知识点要选择简明扼要的，改的时候只改关键点。最后公布正确答案的时候要解释为什么原来的答案是错误的。这样大家对这个知识点才会有更深刻的理解和记忆。

在玩这个游戏的时候，还可以改变抓阄用的扑克牌中黑红牌的数量，让大家不知道其中有多少张红牌，多少张黑牌。这样卧底就更具迷惑性了。也许是一个卧底，也许是两个卧底，也许大家都是卧底。

"谁是卧底"游戏最有趣的地方在于，卧底不但可以隐藏自己，还可以混淆视听扰乱别人，让游戏者相互怀疑，直到最后谜底揭晓的时候才恍然大悟。整个过程非常有趣，也非常考验"演技"。

而且，通过这样的游戏了解到的知识点会记得特别牢。因为在记忆它之前，你的脑中已经经过了猜测、思考和推断，并有强烈的愿望去了解它。在这样的心情下了解到的知识会在脑中留下深刻的印象。

玩游戏和学知识并不是不能兼得的。借助巧妙的设计，玩游戏照样可以开心地学到知识。

亲子游戏时间

给每人准备一本知识类的书,再准备几张抓阄用的扑克牌,全家一起玩玩"谁是卧底"的游戏吧。

第二章

爱在游戏中

情绪没有好坏对错,

只需要学习管理。

简单的小游戏,

让孩子尝试去做情绪的主人,

让爱在最亲的家人之间自由流动。

发 火 本

亲子关系是一种具有挑战性的关系。当孩子越长越大,自我意识越来越强以后,他的个人意志与家长的意志之间就会产生越来越多的摩擦,从而引发亲子间的矛盾冲突。如何用智慧的方式解决这些矛盾,避免冲突升级,为人父母者都要好好学习和修炼。

我和儿子有一段时间也经常因为一些琐事发生摩擦,有时候甚至会导致气氛紧张。我发现,在很多冲突的当下,其实我和儿子都不想吵架,只是他想说出他的理由,我想说出我的解释。可是成人与儿童的对话经常不在同一个频道上,孩子不一定能理解大人的用意。甚至有时候,大人越解释孩子越着急。孩子急了,大人也容易上火。情绪就像网球,你用力打过去,对方就用更强的力道打回来。

怎样避开情绪直接交锋的恶性循环,实现跟孩子的良性沟通呢? 我想到了一个主意:能不能尝试在纸上"安静地吵架"呢?

我找出两个旧本子,用白纸重新包了封面。然后,我在封面上写了这样一句话:

对,我要发发火!这是我给我和儿子做的"发火本"。当我们情绪快要失控时,我们可以尝试在发火本上用写的方式"安静地发火"。这样就可以避免唇枪舌剑带来的"擦枪走火"。

做好本子的当天晚上,我和儿子就爆发了一次小冲突,是"豆浆官司"。他认为我要勉强他喝豆浆,听不进我的解释。眼看他情绪开始高涨,双方对话却驴唇不对马嘴,我就提议:"我做了两个发火本,我们把生气的话都写在上面吧,免得越吵越厉害,还影响邻居。"

儿子同意了。

接下来的场景很有趣。我和儿子各自在自己的本子上奋笔疾书,情绪激动却鸦雀无声(因为情绪都宣泄在纸上了)。

写完以后,我们交换过来看。

我说:"你可以在我写的下面继续回复。"

"好!"

于是各自又是一阵奋笔疾书。

反复一两次以后,双方的火气都神奇地消失了。

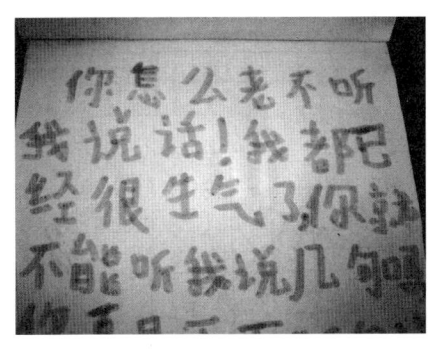 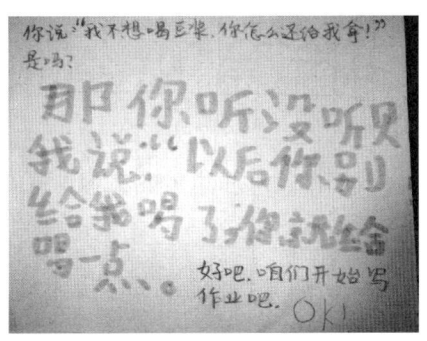

然后,我们平静地讨论了几句,就不再提这件事了。一次冲突就这样神奇地无声无息地结束了。第二天一放学,儿子就跟我说:"妈妈,今天咱俩要是谁生气了,就在本子上写。"

在解决问题的过程中,双方表达出自己的想法很重要,表达的方式也很重要。但这两方面有时候会产生矛盾。当一个人急切地想表达的时候,可能就不太注意方式,从而导致对方的不满。很多时候,争执双方在意的并不是具体的事,而是对方的态度。

"发火本"刚好解决了这个矛盾。在纸上把自己觉得委屈、觉得愤怒、想喊叫出来的一切都尽情地写下来,既能宣泄情绪,表达自己的想法,又能避免直接的对立冲突。通过这个方法,孩子能慢慢学会用合理的方式表达情绪。当然,对家长来说也是一样。很多时候家长是需要和孩子共同成长的。

愤怒、委屈、伤心这些看起来负面的情绪也是人类正常情绪的一部分,也需要合理宣泄,而不是一味压抑。如果能找到合适的方式来宣泄解决,我们的情绪调节能力就会变得越来越强。

待风波平息之后,我们还可以重新翻开"发火本",阅读自己在情绪激动时写下的话语,分析一下其中是否有不合理的地方。自己有没有错?自己说出的话是否会伤害到别人?如果别人以同样的方式跟自己说话,自己会有什么感觉?换种说话方式会不会更好?……

当然,"发火本"不一定每次都用得上。很多时候直接争吵是无法避免的。但在有些时候,"发火本"可以成为亲子之间相互理解的契机和良性互动的开始。

我们可能永远都无法杜绝争吵,但也许下次我们可以吵得"安静"一些。

亲子游戏时间

爸爸妈妈和宝贝一起做两个"发火本",放在容易拿到的地方。

下次想争吵的时候,试试在本子上"发发火"吧。

愤怒选择轮

每到开学季,朋友圈里就会开始流传诸如《陪孩子写作业的爸妈伤不起》《陪孩子写作业气到进医院》《陪孩子写作业,妈妈情绪失控》之类的爆款网文。

不写作业,母慈子孝;一写作业,鸡飞狗跳。甚至有父母拍桌子把手骨拍到骨折、气到心梗住院……

有多少妈妈感觉自己在孩子面前是分裂型人格?爱起来恨不得把他亲到肚子里去,可一遇到他写作业磨蹭、跟大人对着干等令人抓狂的状况,就分分钟感觉自己变成了一座开始冒烟的火山。

天天跟孩子说不能乱发脾气,要控制好情绪,可看看自己……

抛开教育上的技术问题,这些都说明了一件事:情绪管理并不是一项随着年龄增长必然会增强的能力。

在这方面,我们和孩子一样,需要持续的学习和修炼。

每个人都会有愤怒、焦虑、伤心等负面情绪。有负面情绪是正常的。情绪管理不是要消除负面情绪,而是要用积极的方式去面对它。

有一个情绪管理的小工具,可以对解决情绪问题起到一定的作用。

它是正面管教理论使用的一种教育工具:选择轮。

所谓选择轮就是一个车轮形的图案,上面写着对某一问题的一些解决方式。遇到问题的时候,可以从中作一个选择。

按照问题的类型,它可以分成不同种类,如愤怒选择轮、紧张选择轮、拖延症选择轮……

对每个问题都可以列出一些积极正面的解决方式,做成一个选择轮。

选择轮使我们避免内心冲突的自我消耗,直接进入解决问题的阶段,是一种非常实用的情绪管理工具。

了解了选择轮的作用以后,我和儿子一起制作了一个愤怒选择轮。

在制作愤怒选择轮之前,首先要和孩子一起进行一场头脑风暴,列出愤怒时的各种应对选择。注意这些选择要积极正面,既能疏解负面情绪,又不会伤害自己和他人。

经过讨论,我们列出了以下选项:

◆ 打一会垫子

◆ 拍一会气球

◆ 大喊三声或大声唱歌

◆ 把生气的话写下来

◆ 跑几圈步

◆ 把生气的事画成个怪兽,再画个英雄把它打败

◆ 快速跳绳一分钟

◆ 在纸上用力涂画

每个人可以根据自己的想法列出不同选项,每个选择轮都应该是"量身定做"的。

选项列好以后,剪一张圆形纸片,根据选项数量在上面画出相应的区域线。

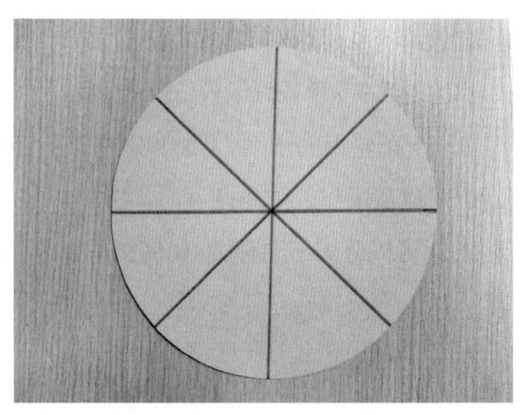

将选项填在区域里,并配上一个形象的图案。给年龄小的孩子用的选择轮可以全部使用图案,如果孩子愿意也可以由他来制作。全部填完以后,选择轮就做好了。

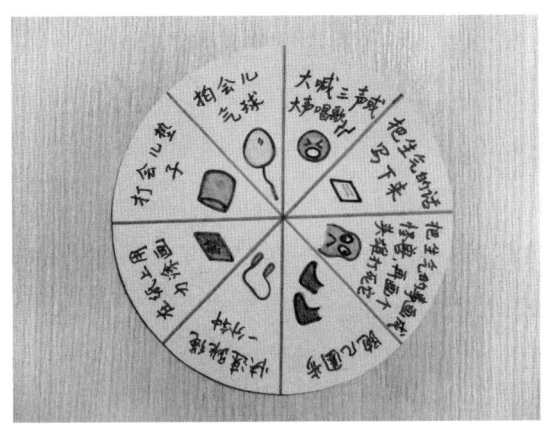

这时候,它的背面还是空白的,还可以用来再做一个选择轮。例如,做一个"无聊选择轮",写上无聊的时候可以作的选择:

◆ 玩会儿"抛玩偶"或其他游戏

◆ 弄点儿好吃的

◆ 找本有趣的书,和妈妈一起边看边讨论

◆ 出去走走

◆ 和家人一起聊聊天

◆ 乱蹦乱跳一会儿(可以放点音乐)

这样我们就有了一个"双面选择轮",愤怒时和无聊时两用。

把它用冰箱贴固定在铁门或冰箱上,查看起来很方便。

我和儿子约好,下次无论谁忍不住要发脾气,都要先到选择轮这里来选一选解决方案。

愤怒选择轮未必是百试百灵的神药,但它的存在可以提醒你,产生愤怒的情绪没关系,很正常,只要给它找一个合适的出口,让它以不具伤害性的方式流淌出去就可以了。这样可以减少一个人内心对负面情绪的恐惧和排斥,从而能够更安心地接纳自己的负面情绪。

接纳负面情绪,就是管理它的开始。

亲子游戏时间

◆ 爸爸妈妈和宝贝一起讨论愤怒的时候可以采取的选择,把它们写在纸上:

当我感觉愤怒的时候,我可以……

◆ 自制一个愤怒选择轮,把你们讨论好的选择填在里面,再配上小图案。

◆ 想一想,再做一个关于什么问题的选择轮呢?讨论一下关于这个问题的选择吧。

◆ 把这些选择填在选择轮的背面。

◆ 把选择轮用冰箱贴贴在冰箱上。下次遇到问题的时候,记得用它作个选择吧!

抛 玩 偶

每个有孩子的家庭里一定都有毛绒玩偶,而且数量还不少。一般来说,小孩子对玩偶都是三分钟热度。玩不了几天,玩偶就被丢到角落里,成为鸡肋。可不可以设计一些游戏,让这些玩偶成为更有价值的游戏道具呢?

一天,孩子爸爸带回了两只猴子玩偶,那是他单位年会上发的纪念品。我拿起一只猴子,抛来抛去把玩。儿子看着觉得挺有趣,过来跟我抢着玩。后来,我们又翻找出家里被遗忘多年的其他玩偶,尝试各式各样的抛接玩法,惹得儿子开心得又笑又叫,连孩子爸爸都忍不住加入进来。在一个小小的客厅里,简简单单的抛接游戏,引发了持续不断的欢声笑语,我们的手、脚以及全身肌肉也都在抛接运动中得到了舒展。那天晚上,儿子睡得特别香甜!可见,游戏不一定要复杂才好玩,非常简单的游戏也可能会带来超乎寻常的快乐。

"抛玩偶"玩法：

简易版：家长和孩子相隔一定距离对站,像抛接球一样来回抛玩偶。

家长既要给孩子制造适当的难度,又要注意难度不要过大以免影响孩子的信心。可以玩加速抛、旋转抛、多角度抛、使用假动作等花样。

升级版：一人拿着一只玩偶同时对抛。

在抛出去的同时要迅速调整动作去接对方抛过来的玩偶,难度明显提高,趣味性也同时提高。

多人版：爸爸也参与进来。三人围成圈,按照一个方向依次把玩偶抛给下一个人。

抛的速度可以逐渐加快。多一个人,紧张刺激程度和有趣程度也会随之增加。

多人升级版：三个人抛两只玩偶,或者其中一人突然改变抛的方向。

刺激指数和难度指数急升,即使是大人也要调动起全部注意力。

花样版：用小筐子或者其他容器来接玩偶。

这个游戏可以利用任何大小合适的毛绒玩偶来玩。跟球比起来,毛绒玩偶更轻,手感更好,更容易抓住,打到身上也不痛,非常适合玩投掷游戏。当然,即使如此,玩这个游戏之前也要检查一下周围环境中是否有易碎物品。

"抛玩偶"游戏虽然看起来很简单,玩起来却意想不到地刺激,能锻炼身体的灵活性和反应速度。更重要的是,它能活跃家庭气氛、融洽亲子关系,给全家人带来一段充满欢乐的时光。

亲子游戏时间

爸爸妈妈找几个大小合适的毛绒玩偶,跟宝贝一起玩玩"抛猴子"或者"抛兔子""抛娃娃"游戏吧。你也可以尝试同时抛接多个玩偶或者改变抛接的姿势,提高抛接难度。

小小格斗手

据报道,目前很多小学的小学生是不允许在课间离开教学楼,在操场上奔跑玩耍的。天气不好的时候,就连体育课都会被取消。孩子们几乎一整天都坐在教室里,运动量严重不足。当然,学校也有它的苦衷:孩子都是家里的宝贝,一旦在学校磕了、碰了、摔伤了,不好跟家长交代。

可是,学龄期的儿童每天至少需要一个小时以上的户外活动,他们需要奔跑、蹦跳、玩耍,在体育活动中消耗精力,这样他们的体能、心智才能够更健康地发展。

孩子从学校回到家以后,我总是尽量保证他每天都有一定的户外活动时间。可是酷暑和严冬等不适合户外活动的时候怎么办?遇到下雨、大风或者雾霾严重的天气又怎么办?应该想一个办法,让孩子在家里也能得到充分的

运动。于是，我想出了一个融入格斗动作的游戏，让他当一回"小小格斗手"。

这个游戏只要准备一个不怕脏的靠垫或一块塑料地垫就可以了，可以穿鞋玩也可以不穿鞋玩，但不要穿着拖鞋玩。

玩法一：摸高

家长双手拿着靠垫，放在离孩子头顶有一定距离的位置，让孩子跳着用手去摸，摸到靠垫就算成功。也可以让孩子边跳边用头去顶靠垫。

家长可以慢慢抬高靠垫，给孩子增加难度。

这个动作有助于锻炼孩子的跳跃能力，对增长身高和增强心肺功能都很有好处。

玩法二：踢腿

家长把靠垫放在孩子身旁的不同位置，让孩子用前踢、侧踢、后踢等不同方法去踢靠垫，还可以通过移动靠垫的位置来给孩子设置难度。

这个动作可以锻炼孩子的腿部力量和爆发力。

玩法三：搏击

家长把靠垫举在面前，让孩子像拳击手一样用力挥拳击打。

这个动作可以锻炼孩子的手臂力量和爆发力。

把玩法二和玩法三结合起来，孩子就真的像个小格斗手了。

如果爸爸妈妈各拿一个靠垫举在孩子身体两侧，孩子就可以来一场更爽的"一对二大战"了。

如果让靠垫像真正的"对手"一样移动起来，这个游戏会更加令人兴奋。

以上这些动作看似简单，其实强度非常大，孩子一般玩几分钟就会气喘吁吁、额头冒汗。这不但是一个效率很高的运动方式，也能让孩子充分释放平时被压抑的情绪，缓解精神压力。

如果孩子玩累了，可以让他踩在椅子上，拿着靠垫让爸爸妈妈"踢踢打打"。对于大人来说，通过这些动作活动一下筋骨，拉伸一下韧带，也是非常减压的。

有了这个游戏,再恶劣的天气也影响不了孩子的运动乐趣了!

亲子游戏时间……………………………………………………

找两个靠垫,爸爸妈妈陪宝贝来场有趣的"格斗大战"吧!

找 彩 蛋

西方的复活节有个有趣的习俗叫"找彩蛋"。在复活节这一天,孩子们会去后院等地寻找大人事先藏好的涂了彩色图案的鸡蛋。据说找到彩蛋的孩子会得到最美好的祝福。

我们虽然不过复活节,也没有找彩蛋的习俗,但我们可以跟宝贝在家里玩"找彩蛋"游戏,同样体验一把找到祝福的惊喜。

"彩蛋"制作方法:

准备几张颜色鲜艳的卡纸,用圆规或借助圆形物体在上面画一些直径十厘米左右的圆,然后剪下来。在正面用画笔画上图案装饰一下,在背面写上一些祝福的词语,"彩蛋"就做好了。接下来,就可以用这些"彩蛋"开始游戏了。

简易版玩法:

家长将一个或几个"彩蛋"藏在房间里,让孩子去找。家长藏的难度不要太大,要让孩子体会到成功的喜悦。玩一阵儿以后,家长可以跟孩子互换角色,让孩子去藏,家长去找。

升级版玩法：

家长和孩子每人选一种颜色的"彩蛋"，再各自选择一个或几个"藏蛋"区域。例如，事先商量好孩子在厨房和卧室藏，家长在客厅藏。

商量好以后，双方同时在规定时间内（如数15下）将自己的"彩蛋"藏在选定区域。藏好以后，双方再根据指令同时开始寻找对方藏的"彩蛋"。谁先把对方的"彩蛋"找齐，谁就赢得游戏。

由于这种玩法在玩的时候有时间紧迫感，难度比较大，因此可以规定藏"彩蛋"的时候只能藏在角落里、窗台上、桌子下面等较隐蔽的位置，但不可以把"彩蛋"盖住或藏在别的物品里面（如抽屉里、床垫下、书里等）。

人在寻找东西的时候常常会有"盲点"，容易漏掉一些区域。孩子在寻找"彩蛋"的时候，会调动起他的全部观察力和注意力。玩的次数多了，他就知道怎样尽量减少"盲点"，更全面更仔细地观察所寻找的区域。

当孩子藏"彩蛋"时，他会开始换位思考：哪个位置容易变成"盲区"？藏在哪里不容易被找到？这能锻炼他的思考能力和推理能力。

玩玩"找彩蛋"游戏，看看谁能得到最多的祝福吧！

亲子游戏时间

宝贝和爸爸妈妈一起，在彩色圆纸片正面画上一些精美的图案，背面写上温馨的祝福，制成"彩蛋"，一起玩一玩"找彩蛋"的游戏吧！

惊 喜 盒

很多时候,人们习惯于每日三点一线、波澜不惊的生活。这似乎没什么问题,但又会让人觉得缺点什么。如果来一点小惊喜,生活会不会更有趣呢?惊喜,在日常生活中属于稀缺资源,容易被人遗忘。其实,制造惊喜并不难,只要有心。一个暖心的小举动,一次爱的表达,或者一个搞笑的小惩罚……只要是能带来快乐的事情,都是惊喜。

你可以制作一个小小的惊喜盒,摆放在家里。只要打开盒子,就可以不断地从里面抽出惊喜来。

制作方法:

爸爸妈妈和孩子一起商量一些"小惊喜"事件,把它们写在纸条上,装进一个小盒子就可以了。

 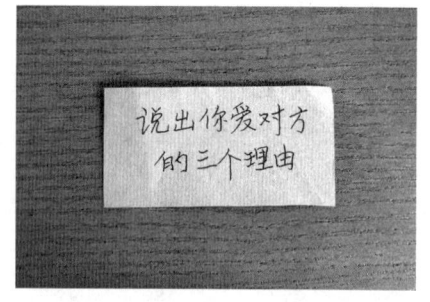

它还可以作为平时奖励或惩罚的"工具"。例如,玩游戏赢了的一方,可以从惊喜盒里抽出一张小纸条,享受"福利",或者让输的一方接受"惩罚"。在某位家人违反了家里共同制定的规则时,也可以用它来进行小小的"惩罚"。比起体罚和物质奖励,这样的奖惩方式每个人都更愿意接受,也不会带来任何心理阴影。

除此之外,惊喜盒本身就是一个游戏道具。找个闲暇时间,一家人围成一圈坐下,轮流抽出盒子里的纸条,按照上面的要求去做,会度过一段非常有趣的时光。

借助游戏的机会,家人间可以相互进行爱的表达,也可以享受一下家人给自己的小福利。不但增进了亲子感情,还营造了一份孩子长大后都忘不掉的美好氛围。

亲子游戏时间

爸爸妈妈和宝贝参考下表的"小惊喜",制作一个"惊喜盒",玩玩"惊喜盒"游戏吧。你们还能商量出什么好主意?补充更多"小惊喜"吧。

表一

温馨类	技能类
说出你爱对方的三个理由	回答对方一个问题
说出对方的三个优点	帮对方做一件事
感谢对方为你做的一件事	为对方画幅像
说出对方让你感动的一次经历	唱首歌
就以前的一件事向对方道歉	背首诗
做一件让对方开心的事	猜个谜
满足对方一个要求	讲个笑话
给对方一个大大的拥抱	用一个成语造句
亲对方一下	用英语说一句话
给对方写一段心里话	念一段文章
一起做一件对方希望做的事	模仿一种动物

表二

服务类	搞笑惩罚类
整理房间	挠一下痒痒
做一件家务	弹一下脑门
为对方准备一份茶点	捏一下鼻子
为对方摆个果盘	想办法逗对方大笑
给对方端杯水	单脚站立一分钟
给对方捶捶背	模仿对方指定的一个对象
给对方按摩一下	头顶一物走一段路

我想对你说

当我们回忆童年和家人在一起的情景时,每个人眼前可能都会浮现出这样一些画面:

全家人边包水饺边聊天,或者一家人在公园散步……都是一些非常温馨的画面。

但现在的孩子长大以后,脑中的画面会是什么样的呢?

"周末的晚上,全家在一起,爸爸看手机,妈妈看平板,我看电视……"

这样的场景也许会成为孩子长大后印象最深刻的画面。

电子媒体占据了人们越来越多的时间,也悄悄吞噬了家人间的交流时光。

其实,即使是朝夕相处的亲人,也需要创造机会沟通交流。爱不仅生长在心里,也生长在相互的交流中。

有个小游戏可以让全家坐在一起,度过一段交流心里话的温馨时光。

这个游戏只需要准备一些空白小纸条。

全家围坐在桌边,每人拿一支笔。把空白小纸条平均分到每个人手里(每人至少三张)。

接下来,每个人在自己的每张纸条上悄悄写一句想对家人说的话(不要写称呼)。不会写字的小朋友可以用涂鸦来表达。写好后,把所有纸条背面朝上混在一起,每人轮流抽出一张,把上面的内容念出来。大家一起猜猜这是谁写给谁的。

写在纸条上的内容可以是:

对一位家人的描述；

想对一位家人提的问题；

对一位家人的建议；

对一位家人的感谢；

与家人有关的愿望；

任何想对家人说的话……

也许有些话一直想对家人说，却找不到合适的时机和方式；也许已经好久没有考虑下一个家庭计划；也许仅仅想对家人表达一下感谢却一直都没说出口……

此时就是一个好机会。

刚开始玩的时候，可能还不太习惯，一下子想不到要写什么。孩子更可能感到茫然。

没关系，坚持完整地试一次，下次就会发现有更多想写的内容。孩子也会越来越习惯把心里的想法写出来。

我在玩这个游戏之前没想到的是，它不但能增进家人之间的交流，还能带来很多笑声。

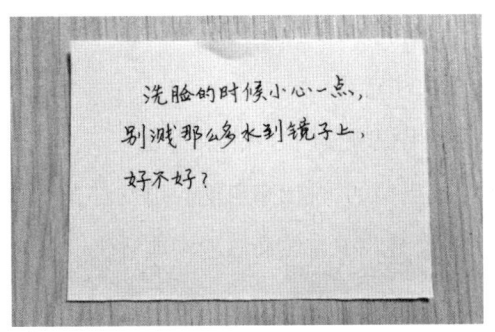

当这张纸条被念出来之后,我老公和儿子同时兴奋地指向了对方:"你!你!说的是你!"

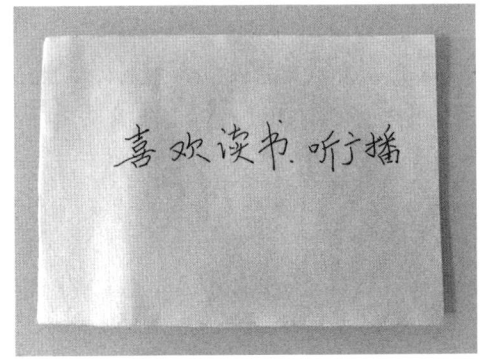

这回,我和儿子抢了起来:"我!说的是我!"

也有的内容每个人听了都想回答点什么。

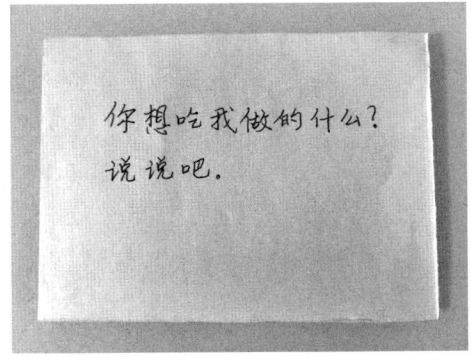

有被"揭露"的讪讪,也有被了解的喜悦,最后往往是三个人一起哈哈大笑。

"没错,你就是那样的啊。"

"好吧,知道了,下次注意。"

原来很多话是可以用很轻松的方式说出来的。

平时找不到机会说出口的,说出来可能会引发对方不悦的,或者想向对方了解的事,都可以在这个游戏中自然而然地沟通解决。家人之间增加了了解,也加深了亲情。

比起那些被电子媒体占据的晚上,这些充满欢笑的时刻会给人留下更深刻的印象。这是真正属于全家人的、注意力完全放在彼此身上的时光。

希望孩子长大后记忆里还能保有这些温暖的时光。

亲子游戏时间

爸爸妈妈和宝贝一起准备一些小纸条,在上面写写心里话,玩玩"我想对你说"的游戏吧。如果想不到要写什么,可以看看下面的提示。

◆ 对一位家人的描述;

◆ 想对一位家人提的问题;

◆ 对一位家人的建议;

◆ 对一位家人的感谢;

◆ 与家人有关的愿望;

◆ 任何想对家人说的话。

爱 的 红 包

春节是中国传统文化味道最浓的一个节日。在这个节日中,红包是一个必不可少的符号。

红包是用来装压岁钱的,是长辈给晚辈的关爱和祝福。可是这些年来,关于压岁钱数额节节升高,成为家长攀比压力的新闻屡屡出现,传统的祝福方式似乎有点变了味。

现在的孩子拿到红包的时候,会不会马上急不可耐地打开,比比谁收到的压岁钱多?还会有对祝福心意的珍视之感吗?

红包一定要跟钱联系在一起吗?为什么不能在红包里放进别的东西呢?也许,我们可以试试把对家人的爱放进去。

你的孩子最希望你为他做什么?相信这个问题每个爸爸妈妈心里都已有答案。

也许是给他讲一小时故事,也许是陪他玩一场他最喜欢的游戏,也许是给他买一件他最想要的玩具,也许是一整晚不看手机专心的陪伴……

其实我们都清楚家人最希望我们为他们做什么。只是因为忙碌,因为疲惫,因为偷懒、忘记、赌气……我们往往不能给家人他们最想要的。

总想着下次吧,等会儿吧,现在让我先看会儿手机……想陪对方做的事就这么无休止地拖延下去了。

春节,这个一年中最重要的节日的来临,正是给家人送上一份惊喜大礼的好机会。

我们可以利用春节期间收到的红包袋子做一个传递爱的游戏。道具就是几个红包袋子和几张红色卡纸(事先把卡纸裁成小卡片)。

先统计一下家庭成员数n,然后为每个人分发$n-1$个红包袋和$n-1$张纸片。例如,一个三口之家玩游戏,就给每人分发两个红包袋、两张小卡片。

游戏方法:

全家围坐在桌边,给大家分好红包袋和卡片。

接下来,每个人把想满足的家人愿望写下来。

"我知道你想让我为你……可是我一直都没抽出时间。这次我要给你兑现了!"

与此类似的话,相信爸爸妈妈一定都想对孩子说,夫妻之间也都想对对方说吧!

对孩子来说,这也是一个难得的机会,让他认真考虑一下:我能为爸爸妈妈做什么?爸爸妈妈希望我为他们做什么?

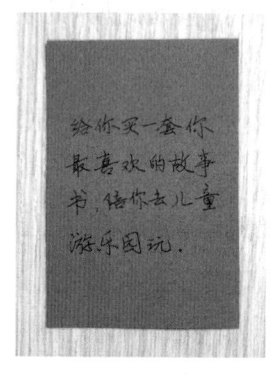 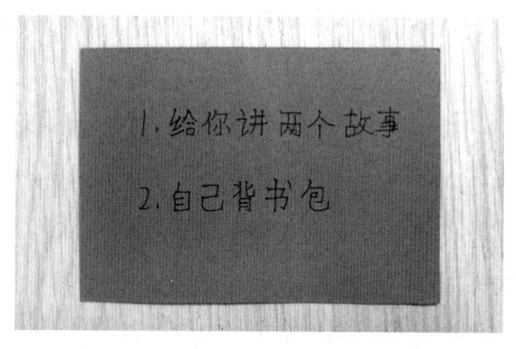

除了能为对方做的事,还可以写一个开放式的选项:"福利支票"。意思是:你可以任意要求我为你做一件事。这可是超值大礼包哦!

写好以后,把卡片放进红包,在红包上注明是谁送给谁的。然后就可以把爱的红包分发给家人了。

相信这个红包带来的幸福感不会低于那个装着现金的红包。也许,这会是对方今年收到的最好的过年礼物。

爱不是只能用金钱来表达的。爱是一种陪伴和付出,是用自己的努力让对方幸福。

亲子游戏时间

爸爸妈妈和宝贝一起把希望帮家人实现的愿望写下来,放进红包,送给家人一个世界上最甜蜜、最温暖的爱的红包吧!如果可能,请写上兑现期限。

新年心愿卡

时光的脚步走到了一年的尽头,新的一年就要来临了。

在这个时刻,成年人的心头也许会涌上淡淡的遗憾:"这么快一年就过去了?""今年还有好多目标没实现呢!""又老了一岁。"……

孩子呢?可能没什么特别的感觉。现在的孩子不必等到新年才能添新衣,也不必等到新年才能吃到好吃的。他们对新年的期盼与感觉,比爸爸妈妈小时候淡了很多。

可是,新年是一个承载着希望和祝愿的日子,是一个一年一度回首过去放眼未来的日子。这样一个美好的日子,应该给它加入一点仪式感。

做个新年心愿卡,给自己和孩子留下一个辞旧迎新的美好记忆吧!

准备几张彩色卡纸,把卡纸对折,在折线上方画一个心形图案(不要太大),让心形的底端与折线相连。把它剪下来,打开后就变成了底部相连的两个心形。

在这个折叠心外侧的一面写上"××××年 心愿卡 宝"等字样,在另外三面分别写上"新的一年,希望我……""希望爸爸……""希望妈妈……"的字样。如果担心写不整齐可以预先画好格。

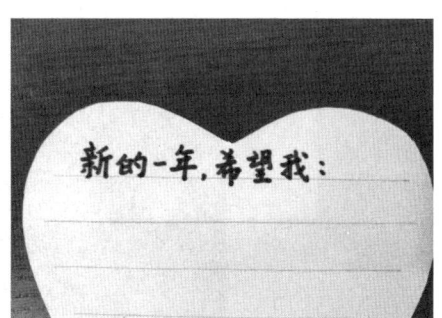

孩子的新年心愿卡就做好了。

折叠另一张卡纸,把孩子的心愿卡放在上面,沿着它的边缘画一个稍大一点的心形,做成妈妈的心愿卡。当然,妈妈心愿卡上的字要相应地换成"希望宝贝……""希望老公……"。

用同样的方法做好爸爸的心愿卡。这样就有了三颗大小不同的折叠心了。

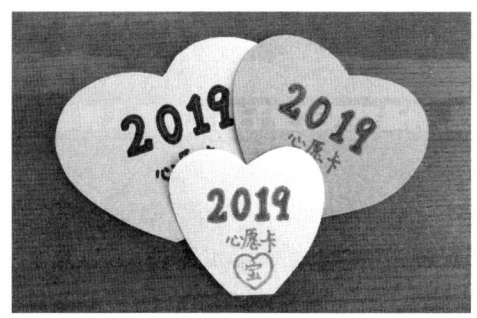

把全家人召集到桌边,把心愿卡分发到各人手中。每个人在自己的心愿卡上写下自己的新年愿望。

在新的一年里,自己希望实现什么目标,达成什么心愿,对家人有什么期待……这些平时无暇整理的想法，都可以详细地写在这颗小小的折叠心里。

写完以后，把心愿卡合上。家人间互相交换着看一看，念一念，会发现这些心愿会带来笑声，也会带来感动。

对自己的规划，对家人的祝福，对未来的希冀，都可以装进这三张薄薄的心愿卡里。

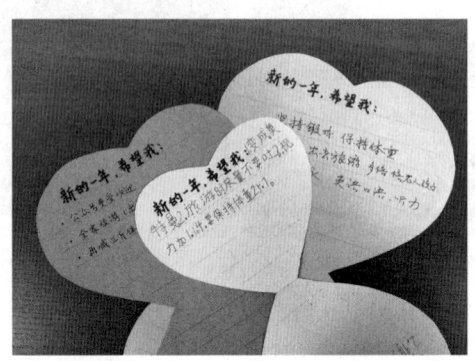

新年最美好的地方，就是可以让人整理心情，把过去放在脑后，以崭新的姿态迎接未来的日子。

在这个新旧交替的时刻，制作、交换心愿卡这个小小的仪式，能让大人重温内心的梦想，也能唤起孩子对新的一年的期待，更会让新年这个日子具备特别的意义。

亲子游戏时间

找几张彩色卡纸，爸爸、妈妈和宝贝一起做三张新年心愿卡，在上面写下自己新的一年的愿望，然后交换看看吧。等到来年年底，可以把它们重新拿出来，看看大家的心愿实现了多少。

点赞打卡牌

随着孩子一天天长大，家长的期望值往往也在不知不觉间悄悄地提升，入学后更是以指数级飞速上扬。

还记得吗？孩子刚刚出生的时候，看着那个粉嘟嘟的小肉团儿，自己心里曾怎样温柔似水地对他说过："宝贝儿，只要你长大以后快快乐乐的，妈妈就满足了！"

可入学后，人家想快快乐乐地多玩一会儿，你却不停地催促他赶紧回去复习功课！

孩子上幼儿园生了病。看着那个病恹恹的小脸蛋，你又是怎样心如刀绞地默默祈祷：将来只要他身体健康，长得壮壮的，我别的什么要求都没有！

可入学后，看见他活蹦乱跳、上蹿下跳精力使不完的样子，你又要责怪他没个正经样！

为什么曾经看他全身上下从头到脚都是萌点，现在却觉得哪儿哪儿都是缺点？为什么当年他喊出一句"妈妈"、踏出颤巍巍的一步我们就欣喜若狂，现在却对一道因为他疏忽而丢分的小算术题耿耿于怀？

这是因为，我们都是凡人。我们都忍不住会比较，都会不由自主地受到周围环境和评价的影响。

看到别人家孩子字迹整洁的作业本，我们会觉得自己孩子的作业简直是乱涂鸦。看到别人家的孩子考试又考了满分，我们会忍不住因为羡慕而对自己孩子的分数感到不满。我们的目光总会不由自主地聚焦在自己孩子跟别人家孩子的差距上。

我们却忘了,其实我们的孩子发育正常,健康可爱,有他自己的小优点,每天都在不停地进步、成长。

这些我们都太容易忘记了,就像我们总是忘记我们拥有着健全的身体,挚爱的亲人,还有充足的阳光、空气和食物。

有句话说,孩子就像植物需要水一样需要鼓励。其实,每个人,不管是孩子还是大人,都像植物需要水一样需要外界的鼓励、认可和肯定。对绝大多数人来说,这种心理需求都是一样的。

可是我们给孩子足够的鼓励了吗?

拿我儿子——一个淘气好动的十岁男孩的例子来说吧。可以想象,在一整天秩序化的学校生活中,他一定会因为纪律要求与好动本能的冲突而产生受挫感。回到家里,他又会很多次地被催促洗手、吃饭、写作业,很多次地被制止玩耍、磨蹭、浪费时间。一天下来,当他躺到床上准备睡觉的时候,会不会带着一种挫败感入睡呢?

在孩子入睡以后,我心里常常会产生一丝愧疚感:今天应该少说他几句的,应该多抱抱他,夸夸他的。可在他放学到睡觉这短短几小时中,我们要完成吃饭、写作业、检查作业、吃水果、整理书包、洗澡、洗漱等一大堆任务。在打仗般的紧张程序中,嘴里唠叨的往往是要求和催促。给他鼓励?说真的,不是忘记就是顾不上。

怎样不让这种遗憾每天发生呢?我想出了一个办法:做一个"点赞打卡牌"。

做好以后,把它贴在孩子的床头。孩子每晚上床睡觉前看到,就会提醒爸爸妈妈为他一天的表现点赞。

每晚睡前,爸爸妈妈给孩子点三个赞,说出他今天的三个进步或者三件做得很棒的事。让孩子在一天中最后的时刻意识到自己的好,带着对自己的满意而不是怀疑否定入睡,也让因陪做作业而出现"裂痕"的亲子关系每天得以滋润修复。

每天说出孩子的三个进步难吗?开始好像真的有点儿难。如果要说孩子的不足,可能大部分家长脱口就有七八条,可要说他的进步,就要想好一会儿了。这不是孩子的问题,是我们看孩子的角度问题。应该改变的是我们自己。每天认真想想孩子的进步,给他点三个赞,重新找回他牙牙学语、蹒跚学步时每个变化带给自己的欣喜感,孩子就真的越看越可爱,生活也不会再那么令人抓狂了。点赞只是一个小小的动作,时间久了却可以慢慢改变心境。

给孩子点完赞以后,还可以让他给爸爸妈妈点个赞。让孩子想一想爸爸妈妈对他的付出,也让爸爸妈妈了解一下自己的行为在孩子心中留下的印象。

对孩子提出要求是很重要的,它可以培养孩子良好的行为习惯,让他不断进步。但鼓励同样是重要的,它可以成为孩子进步的动力和精神上的滋养。为人父母很不容易,既要持家又要育儿,压力大到让人抓狂。可即使再忙再累,也请不要忘记在每天结束之前,给你的孩子点个赞,给他在黑暗中点亮一盏小小的温暖的灯。

亲子游戏时间

爸爸妈妈给宝贝做一张"点赞打卡牌",把它贴在宝贝的床头,每晚睡觉前给宝贝点三个赞吧!也可以引导宝贝给辛苦的爸爸妈妈点点赞哦!

圣诞老人来了

圣诞节是一个充满童话色彩和梦幻气息的节日。

圣诞树、姜饼小人、圣诞袜、神秘礼物……不管是小孩还是大人都可以暂时沉浸在一种童话般的情景中。

在这个美好的节日里,我们可以跟孩子玩一个充满惊喜的圣诞游戏:圣诞老人来了。道具很简单,只要一顶圣诞帽和一个大购物袋就够了。

让孩子在原地等待,告诉他一会儿圣诞老人要来找他。

妈妈或爸爸戴上圣诞帽,背上大袋子打扮成圣诞老人,然后悄悄去找几样物品:玩具、水果、袋装零食、书……只要是孩子喜欢的都可以,把它们装进袋子里。

然后,"圣诞老人"来到孩子面前,对他说:"小朋友,我是圣诞老人。我来给你送圣诞礼物啦!我这里有一个神秘礼物袋,里面有各种各样的神秘礼物要送给你。不过你要先猜一猜,猜对了我才会给你哦!"

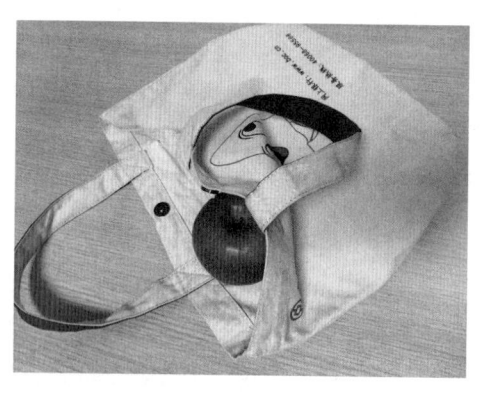

玩法一:通过语言描述让孩子猜礼物

"这个东西是圆形的、红色的,有一股香喷喷的味道。你知道它是什么吗?"提示不要给得太多,让孩子通过思考得出答案。

孩子猜对以后,"圣诞老人"就

可以像变魔术一样把礼物变出来。孩子得到努力思考的"成果",会非常开心。

玩法二:让孩子通过触摸来猜礼物

可以让孩子把手伸进袋子直接触摸,也可以隔着袋子从外面摸。仅仅通过大概轮廓来猜,难度就大大提高了。孩子需要调动他的想象力和推理能力才能猜对。

玩法三:选哪个

在袋子里放两样东西。一样是孩子会喜欢的玩具、水果等物品;另一样是对孩子来说没有什么价值的空塑料瓶、纸板、旧衣服等物品。

"圣诞老人"对孩子说:"我的袋子里有两个东西,其中只有一个是真正的礼物。你只能根据我说的提示选一样。"

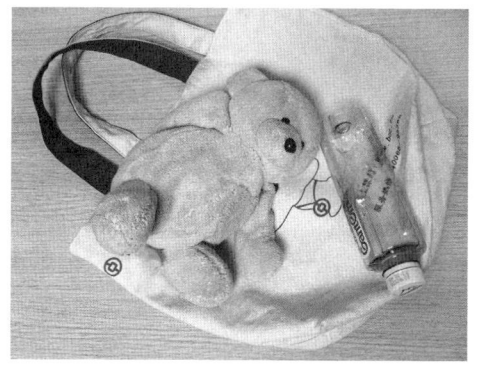

"一个摸上去软软的,另一个很轻,你选哪一个?"

当答案最终揭晓的时候,孩子一定会非常兴奋。选对了,他会开心雀跃;选错了,他也会哈哈大笑。这种期待的落差对孩子来说是非常有意思的。

也可以让孩子和爸爸一起选礼物,一人选一个。当谜底揭开时,两边巨大的反差也会让大家捧腹大笑。

等孩子熟悉玩法以后,可以换他当圣诞老人,让爸爸妈妈来猜礼物。

这个游戏把猜谜的乐趣和收到礼物的喜悦结合了起来,能营造一种充满惊喜的快乐气氛,给圣诞节留下一个美好的记忆。

亲子游戏时间

准备一顶圣诞帽和一个圣诞老人装礼物用的大袋子,爸爸妈妈和宝贝一起玩玩"圣诞老人来了"的游戏吧。"圣诞老人"可以轮流当哦!

第三章

张开想象的翅膀

在广袤的宇宙中,

人类是渺小的微尘。

可人类的想象力却可以填满整个宇宙。

张开想象的翅膀,

让孩子的奇思妙想在空中自由飞翔!

触觉感知游戏

所有的孩子都喜欢猜谜,但大部分猜谜游戏只适合三岁以上的儿童。有没有三岁以下的小宝宝能玩的猜谜游戏呢？在儿子很小的时候,我跟他玩过一个适合小宝宝的猜谜游戏:摸一摸,猜一猜。

玩法一：宝宝猜猜看

妈妈让宝宝闭上眼睛,把一件玩具放到他手里,让宝宝摸一摸,猜猜是什么玩具。

如果宝宝猜不出来,妈妈可以拿着他的小手,和他一起边摸边感受："这个玩具毛茸茸的,有两只长耳朵,还有一个小尾巴,它是什么呢？"

通过妈妈的描述,宝宝就能在脑中逐渐整合出一个玩具的形象。

如果宝宝很容易就猜出来了,可以给他换更难猜的东西。

还可以让宝宝把双手放在背后摸玩具,游戏的难度就更大了。

除了玩具,还可以给宝宝猜水果、蔬菜、生活用品等。

不通过视觉,仅仅通过触觉来感知物品,既能刺激宝宝的触觉发育,也有利于他的逻辑思维发展,对宝宝来说是很有益的。

玩法二：妈妈猜猜看

角色互换,妈妈闭上眼睛,请宝宝找一样东西来给妈妈猜一猜。

需要提醒的是,要确保宝宝在一个安全的范围内寻找物品,不要让他拿到不干净或者危险的东西。

对大人来说,猜家里的物品当然是很容易的事。但为了配合宝宝,我们要假装猜不着。

"嗯……这是什么东西呢？摸起来硬硬的，滑滑的。你能告诉我它是什么颜色的吗？"

"它是木头做的还是塑料做的？"

"它是玩具还是我们平时用的东西？"

通过这些问答，让宝宝主动去观察物品的特征，还可以发展他的语言表达能力。

妈妈还可以这样提议：

"找个很小的东西来让我猜吧。"

"拿个水果来吧。"

"这次拿一样白色的东西来吧。"

……

玩法三：妈妈宝宝一起猜猜看

妈妈准备几样物品，如玩具、日常用品、水果、蔬菜等，用一块布盖住。

妈妈和宝宝一起把手伸到布下面，摸摸那些物品，猜猜它们是什么。可以比赛谁猜中的多，也可以合作一起猜。

将手伸进不可见的空间触摸未知的物品，会有一种探险般的刺激感。即使是大人，也会觉得仅凭触觉来感知物品是一种非常新鲜的经验。

这正好是一个机会，让大人和孩子一起暂时摆脱对视觉的依赖，完全依靠触觉来细细感受一个物品的细节。

玩法四：探险之旅

妈妈闭上眼睛，让宝宝拉着妈妈的手，带妈妈去家里的某处，让妈妈只通过触摸来猜物品，或者猜这是家里的哪个区域。

"这是什么东西呢？是一个盒子吗？"

"这是在哪儿呢？是不是洗手间？"

平时再熟悉不过的家,这个时候也带上了一种奇妙的陌生感,变成了一个充满新鲜感的空间。

宝宝会很热心地带妈妈去体验各个"探险地带"。妈妈可以请宝宝当个小导游,给自己讲解一下路线和环境。

妈妈"探过险"以后,再带宝宝去"探险"。

带宝宝"探险"的时候,可以多让他触摸不同质地、不同材料的物品,顺便给他讲讲:"这是木头的,硬硬的。这是金属的,凉凉的。这是布做的,有点软又有点粗糙……"

宝宝会慢慢了解不同材质的特性。

也可以去户外"探险",但要确保环境是安全的。

这个游戏可以促进宝宝触觉的发展,让他积累更多感知经验,提高他的认知能力。对处于手敏感期的孩子来说更是有益。

闭上眼睛摸一摸,像第一次感知世界一样用触觉去感知万物,你会发现,原来一切都可以变得那么新奇。

亲子游戏时间

◆ 宝宝闭上眼睛,爸爸妈妈把一个玩具放到宝宝手中,让他猜猜是什么。让宝宝说一说,这个玩具摸起来是什么感觉。

◆ 把玩具换成一个生活用品或者蔬菜水果,宝宝能猜出来吗?

◆ 宝宝把双手放到背后去摸,能不能猜出来呢?

◆ 宝宝去找一样东西,让爸爸妈妈猜猜看吧。

◆ 爸爸妈妈找几样物品,放到一块布下面,和宝宝一起摸一摸、猜一猜。猜的过程中可以一起讨论。

◆ 宝宝拉着爸爸妈妈的手,去家里或户外的某个地方"探险",让爸爸妈妈猜猜是什么地方,摸到的是什么东西。宝宝可以当个小导游,讲解一下路线和环境。

◆ 爸爸妈妈带宝宝去"探险",让宝宝闭着眼睛摸各种材质的物品,体会一下不同的感觉。

换个角度看世界

儿子小的时候,特别喜欢玩猜谜的游戏,只要一玩起来就没完没了,要求"再猜,再猜!"猜了十几个还要猜。

妈妈脑子里能变出多少谜呢?哪里经得起这样的"穷追不舍"?

有一次我实在"黔驴技穷"了,灵机一动想到一个点子,就拿起笔在纸上画了这样一个图案:

"你能看出这是什么吗?这个东西就在我们房间里。猜猜吧。"

猜不出来。

这样呢?

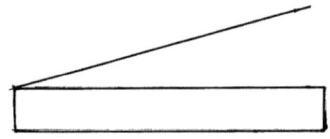

还是猜不出来。

答案是:从上面往下看的一本书。

这个意想不到的答案令儿子十分惊喜。原来谜还可以这样出?原来一本书还可以从这样的角度去看?

他要求我再出一个。

那么猜猜这个吧：

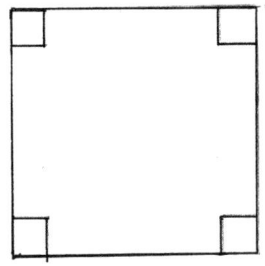

这个谜让我很得意。别说是孩子,就是大人也不一定猜得出来呢!

儿子在房间里转了好几圈,都没找到这样一个东西。

我告诉他答案:是一把从下面往上看的椅子。

儿子哈哈大笑,爬到椅子下面去"验证"。

这种出谜方式显然让他觉得很有趣。猜了几个以后,他开始试着用同样的方式给我出谜。

就这样,我们找到了一个百玩不厌的新游戏方式。

从另一个角度看平时习以为常的物品,是一件非常有意思的事,充满了惊喜与发现。

啊?这个东西还能这么看啊?你是怎么想到这个角度的?

世界在我们面前好像换了一个样子,变得很新奇。

当孩子思索着怎么"出谜"时,要在大脑里设想一个物品的空间位置,然后寻找一个新奇的视角,在想象中"看"它,并把它准确地画出来。

这些思维过程可以开发孩子的空间想象能力和多角度思维的能力。

有人说,天才和普通人最关键的区别就在于思维角度的不同,可见思维角度是多么的重要。

当所有人都从一个习以为常的角度去看问题的时候,一个能从独特角度进行思考的人也许就独辟蹊径,找到了解决问题的方法。

这样的能力也许可以从童年玩游戏时开始训练。

换个角度看世界,世界会变得充满乐趣。

亲子游戏时间

◆ 让宝贝猜猜下面这些图形会是什么物品。

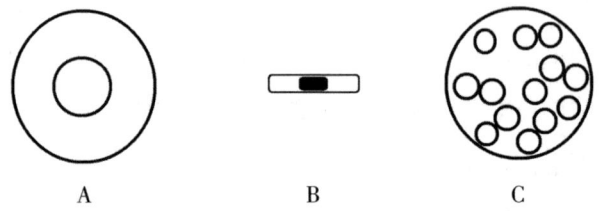

答案:

A:从上面往下看的矿泉水瓶。

B:从侧面看的平底锅。

C:从上面往下看的笔筒。

◆ 让宝贝从一个与众不同的角度观察这些物品并把它们的轮廓画出来:苹果、杯子、玩具。

◆ 爸爸妈妈和宝贝各自选择一件物品,观察并画出它在某个视角下的轮廓图,看别人能不能猜出来。

猜猜它是啥

世界上有没有这样一个游戏呢？能随时随地玩，不需要准备任何道具，也不受场地的限制。而且，不管玩过多少次，孩子还是充满了新鲜感，为之深深着迷。

在和孩子玩耍的过程中，我发现了一个神奇的游戏，完全具备上述特点。

它很简单，没有复杂的规则，却又可以千变万化。

它既能引起孩子强烈的好奇心，又能让他沉浸于专注的思考，同时还能让他感受无穷的乐趣。

在某些需要孩子安静下来的时刻，例如等车、排队、等待上餐的时候，这个游戏是一个非常实用的转移孩子注意力的好方法。

这个游戏叫：猜猜它是啥。

其实很简单，就是家长把周围环境中的一样物品编成简单的谜，让孩子猜一猜。

"宝贝，我在这个房间里发现了一样东西，你知道是什么吗？它是圆形的，浅色的。"

家长的语气要略带神秘，对猜谜对象的描述要尽量少一点，留出想象空间。对孩子来说，带有未知性和神秘感的事物是最能激起他们的好奇心和兴奋感的。听到这样一个神秘兮兮的问题，孩子的注意力一定马上就被吸引过来，瞪大眼睛开始四处寻找。

当孩子感到困难时，家长可以一点点增加提示：

"它不是一个很小的东西,它有点大。"

"几乎每个房间都有这个东西,但不是总用得着,有时用有时不用。"

"我们一般天黑了才用它。"

"有一个东西可以控制它。"

……

这些描述令孩子激活大脑开始思考。他的脑中也许会浮现出几种不同的答案。家长可以和他一起将它们与提示一一比对。

经过一点点的联想、猜测、排除,孩子最终可以凭借自己的思考猜出谜底:灯。这时候,孩子感受到的愉悦感和成就感是非常强的。

如果孩子愿意,也可以让他出谜给家长猜。

"这个东西有四条腿,可以让我们坐在上面。"

刚开始出谜时,孩子往往会几乎同时把谜底说出来。家长要尊重孩子的心智水平,配合他去"努力思考"一番,这样游戏才有乐趣。事后家长可以假装无意地评论一下:这个提示不容易、那个提示很容易猜出答案。经历几次之后,孩子就会慢慢擅长出谜了。

这个游戏不仅充满乐趣,而且还有益智的作用。在出谜和猜谜的过程中,孩子要提取猜谜对象最典型的特征,还要将特征与描述进行联系,这是对思维的一次小小的挑战。

游戏小贴士：

建议猜周围环境中能看到的物品，让孩子在观察中猜，既有趣又能有的放矢。

谜不需要编得完美，只要用孩子的方式把物品的特征说出来就可以了。可以先说一个特征，再根据孩子的猜测程度陆续补充其他特征。重点是用孩子单纯的眼光去看待一件物品。

举例：

在这个房间里，有一个东西是长方形的……能转动……是透明的……

答案：窗户。

我们附近有一个东西，它的肚子里藏着很多很多东西。

答案：垃圾桶。

有一个东西，你看不出它动，可是过一会儿再看，就发现它动过了。

答案：钟的指针。

亲子游戏时间

◆ 宝贝观察四周物品，并选择其中一件物品，把它编成一个谜，让爸爸妈妈猜猜看。

◆ 爸爸妈妈也出个谜，让宝贝猜一猜。

猜猜他是谁

猜谜游戏是孩子永远都玩不厌的游戏。

通常来说,猜谜猜的大多是物品,其实有时候也可以换一种思路,猜一猜平时很少关注的人物,也许比猜物品更有意思。猜人物的玩法有:

玩法一:猜熟悉的人

身边熟悉的人,孩子是最有兴趣去猜的。根据孩子对某位家人或朋友的了解程度,家长选取几个特征编成谜,让孩子猜一猜。例如:

"咱们家有一个人,喜欢植物,还喜欢喝一种植物叶子泡的水,你知道她是谁吗?"

答案是爱喝茶的姥姥。

"有一个人,年龄比你大,管你的爸爸叫舅舅,她是谁?"

答案是小表姐。

"有一段时间,你每天早上都跟她一起喂动物,她是谁呢?"

答案是一起喂鸡的奶奶。

还可以让孩子猜猜自己：

"有一个小孩，长得有点瘦，喜欢喝麦片，还喜欢玩乐高，他是谁？"

孩子好像从一个旁观者的角度看到了自己，这会让他很开心，也会让他对自己产生一些新的认识。

出谜的时候可以选取不同角度设计谜面：外貌、年龄、爱好、职业、亲戚关系、孩子记忆中的一段经历……

当孩子熟悉这种出谜方式以后，就可以让他出谜给家长猜了。

通过"猜熟人"的玩法，孩子会对自己熟悉的人产生更深入的了解，也能加深与亲人之间的感情联系。

玩法二：猜身边的陌生人

根据外在特征，将身边看到的陌生人编成谜。

"在咱们周围，有一个人，身上有一个黄色的东西和一个金属的东西，你知道我说的是哪个人吗？"

"我看见一个人，身上有一件东西的花纹和妈妈这个包的花纹一样，他在哪儿？"

这个游戏既能锻炼孩子的观察能力，又能带来一种探险般的神秘感，身边熟视无睹的环境似乎一下子变成了隐藏着宝藏的神秘地带。孩子会兴奋地仔细观察身边的人，并且注意他们身上的细节特征。

通过这样的游戏，孩子的观察力会在不知不觉中慢慢提高。

玩法三：猜职业

从事同一职业的一类人一般都带有相同的某种职业属性，把某种职业的典型特征用孩子易于理解的方式说出来，就可以编成一个关于职业的谜。

"有一个叔叔，每天要见好多好多人，还会送给他们东西。他是谁？"

答案是：快递员叔叔。

"有一个阿姨,你刚见到她的时候可能会有点害怕,可是她能用她的本领帮你解决问题。"

答案是:医生。

"有的工作每天都要跟动物打交道,你知道是什么工作吗? 不止一种哦。"

答案是:动物园饲养员、兽医、马戏团驯兽师、农场主……

孩子对各种职业的认知程度不同,家长出谜的时候要考虑到孩子的理解能力。

这种玩法可以加深孩子对不同职业的了解。

玩法四:猜卡通人物

动画中的卡通人物虽然不是真正的人类,但有着跟人类一样的人格和行为特征。在孩子心里,他们就像最亲密的好朋友一样亲切。把他们编成谜来猜,孩子会非常开心。

提取卡通人物最有代表性的特征,编成谜让孩子猜一猜。

"有一个动画片里的人物,胖胖的,穿着一件红色的T恤,有很多好朋友。"如果孩子还猜不出是小熊维尼,就加上"他喜欢吃蜂蜜"。

"有一个人物,总是穿着紧身服,从来不说话,可是非常厉害。"

答案是:奥特曼。

其实这个游戏更适合由孩子来出谜。这个领域的内容孩子们更熟悉、更擅长。家长跟孩子玩起来只能甘拜下风。

在如今这个网络时代,不管是成年人还是儿童,大家对身边人的关注都在减少。猜人物游戏可以让孩子将注意力投到一个具体的人的身上,让孩子对了解他人产生兴趣。

亲子游戏时间

爸爸妈妈和宝贝轮流出谜让对方猜,内容可以是亲戚、朋友、陌生人、职业、卡通人物等。

三元素猜谜法

猜谜游戏是孩子百玩不厌的游戏。一旦玩起来,孩子就会不断要求"再猜一个,再猜一个"。可是出谜也是颇费心思的。编着编着,家长难免就会有"江郎才尽"之感,编不出来了。有没有简便快捷的出谜方法呢?

有的,它叫"三元素猜谜法"。

"三元素",就是与猜测对象相关的三个元素,可以是典型特征,也可以是与它密切相关的内容。

例如,苹果的三个关键元素可以是:圆的、红的、甜甜的。

鱼缸:透明的、玻璃的、里面总是有水。

窗帘:很大、布做的、能拉动。

大象:大耳朵、长长的牙齿、力气很大。

飞机:很大、会飞、金属的。

……

只选三个简洁的相关元素,其他的信息不再补充。

实际上,这是一个把猜测对象最有代表性的三个特征迅速提取出来的过程。它可以锻炼出谜者对事物特征的归纳总结能力。

三个简洁的特征,能勾勒出待猜对象一个大概的轮廓,又不能准确界定。猜谜的人要根据三个特征的组合进行推理判断,使用综合分析的能力。

刚开始玩这个游戏的时候,孩子可能掌握不到要领,只根据一个或者两个特征去猜,注意了这个特征而忘记了那个特征。

例如,关于窗帘的谜:"很大、布做的、能拉动。"

孩子可能会猜"床单"或"门"。

这时家长可以提醒他,要把三个特征综合起来思考,猜出来的结果要同时满足三个特征才可以,缺一个都不行。这样,孩子就能逐渐明白"同时满足多个条件"的含义了。

这个游戏可易可难,简单的玩法是,说出自己想到的与猜测对象有关的任意三个词就可以,猜起来比较简单。有难度的玩法是,选取那些容易迷惑人、容易让人联想到其他对象的特征,使猜谜者难以猜透。

例如,苹果的三个元素也可以说成:"很好吃、有种子、两个字"。这样猜的人就要多费点思量了。

仅仅用三个词,就变出一个让人琢磨不透的谜语,也是一项很有趣的挑战呢!爸爸妈妈和宝贝快来尝试一下吧!

亲子游戏时间

◆ 让宝贝想出下列物品的三个特征。

冰激凌:＿＿＿＿＿＿、＿＿＿＿＿＿、＿＿＿＿＿＿。

小兔子：_____、_____、_____。

你最喜欢的一件玩具：_____、_____、_____。

把这些特征念给爷爷奶奶听，看他们能不能猜出谜底。

◆ 宝贝还能用"三元素猜谜法"编出关于其他对象的谜语吗？

◆ 爸爸妈妈试着用"三元素猜谜法"跟宝贝互相出谜，看看谁编的谜语最难猜！

脑洞游戏

有一次和儿子一起坐高铁,因为假期人多,没买到坐票。我们只能坐在过道边的地板上,看着眼前晃来晃去的人腿。在那样的环境下,什么事都没办法做,百无聊赖。

该怎么打发时间呢?我看看儿子。他手里正捏着一块橘子皮。

我突然有了个主意,问他:"你说,这块橘子皮能干什么用呢?你能想到它的用途吗?"

他想了一会儿,说:"晕车的时候,把它对着鼻子挤一下,喷出一点点汁,人闻了就不那么难受了。"

我说:"嗯,不错!我也想到一个:把它剪碎了,放到一个小布包里做成香包。你还有别的主意吗?"

儿子兴奋起来,开始不停琢磨……就这样,一块橘子皮被我们"发明"了十几种用途。

这是我们玩的第一种脑洞游戏：**它能用来干什么**

给一件简简单单的物品想出尽可能多的用途，尽量打开脑洞，发散思维。

比如，一条普通的丝巾，或者一块布，能用来干什么呢？

可以做成头巾、披风、帽子、腰带、包、桌布、餐巾、娃娃的被子……甚至可以卷起来做成一个扔着玩的球。

木棍、木板、矿泉水瓶、卫生纸筒、报纸……很多平平常常的东西都可以拿来开脑洞。

这样的游戏可以发展孩子的发散性思维，也会让孩子学会从不同角度看待事物。

除了这种玩法，后来我们还玩了另外几种玩法。

玩法二：那该怎么办

设计一个问题情景，和孩子一起脑洞大开，想想解决办法。

"走在路上，突然下起雨来，可是没带伞，怎么办？"

"爬山的时候发现了好吃的果子，可是没带袋子，怎么办？"

"散步的时候手弄脏了，可是没带水，怎么能把手弄干净呢？"

这个游戏的重点不在于想到多好的解决方法，而在于能不能打开思路，从多种角度去考虑问题、解决问题。

"去垃圾箱里找找，看有没有纸板、大塑料袋什么的当伞。"

"把衣服扎住，把果子塞到衣服里。"

"先用土把手上的脏东西弄掉，再用草把土弄掉。"

无论孩子的想法听上去多奇怪，都是值得鼓励的。很多可能性正是从不可能中产生的。

玩法三：那会怎么样

"如果今天一整天太阳都不出来，会怎么样？"

"如果有一天人类能在水里生存了，会怎么样？"

"如果有一天人类发明出一种药,人吃了以后想长多高就能长多高,世界会变成什么样?"

这些脑洞题可以极大地拓宽孩子的想象空间,激发他们的创造力。很多对人类有重要意义的灵感就是从胡思乱想中产生的。

经常玩玩脑洞游戏,孩子的思维会变得更加灵活自由。

亲子游戏时间

◆ 爸爸妈妈和宝贝选定一样东西,一起想想,它除了基本的用途之外,还能用来做什么?能想出多少种呢?

◆ 爸爸妈妈提出一个问题,让宝贝想想解决方法,另类方法也可以。

◆ 爸爸妈妈和宝贝一起设想一下,一件不可能发生的事如果有一天发生了,会有什么后果?

我演你猜

有个猜谜游戏叫"比手划脚",几乎每个家长都跟孩子玩过。

"妈妈,你猜我装的是什么?"小家伙蹲在地上,两手放在腿间,鼓起嘴巴。

"……青蛙!"

孩子天生喜欢模仿。两岁的儿童就会自发地模仿成人的行为。对儿童来说,模仿不仅有趣,也是个很重要的学习过程。

同时,孩子也非常喜欢猜谜。对他们来说,将模仿和猜谜结合起来的游戏是非常有吸引力的。

就像这个游戏:**猜猜我在演什么**

这个游戏可以有三种玩法。

玩法一:轮流模仿一个物品让对方猜

利用动作、表情、声音来模仿动物、植物、日常用品等各种对象。

除了老虎、兔子、鱼……这些常见的模仿对象,家长可以尝试让孩子模仿

一些冷门的、平时很少想到去模仿的对象。

毛毛虫、火、喷泉……

模仿这些对象对孩子的想象力和表现力有一定的挑战性,但也会带来惊喜的效果。

玩法二:模仿一种行为

例如炒菜、洗衣服、吹泡泡……

这种玩法比第一种要难一点,但孩子也会很感兴趣,因为他们很喜欢情景再现。

有些行为直接表演猜起来就有难度,例如晾衣服、削苹果……

还有些行为可以通过夸张地表现其特征来让孩子猜。

比如假装喝一口液体,通过不同的表情反应让孩子猜喝的是醋、饮料还是辣椒油。

再比如,吃东西时"嘎吱嘎吱"地大口嚼,是在表现吃黄瓜;费劲地嚼啊嚼,是在表现吃牛肉;边吃边舔手指,是在表现吃冰激凌;小心翼翼地边咬边吸汤,是在表现吃小笼汤包……

玩法三:把几个行为连起来,形成一个完整的行为过程,让对方猜一项活动

等公共汽车,上车刷卡,下车,推购物车,挑选……这是去超市购物。

买票,买食物,坐下,边吃边看,表情发生变化……这是看电影。

让孩子完整再现一系列行为细节,可以在不知不觉中锻炼他的观察力、记忆力、模仿力和表现力。在回忆、模仿的过程中,孩子要在脑中整理行为的先后顺序,这对他逻辑思维的发展也是有利的。

看似简单的模仿猜谜游戏,锻炼的是孩子多方面的能力。

亲子游戏时间

◆ 宝贝想一个对象,把它演出来,让爸爸妈妈猜猜看。

◆ 宝贝假装做一件事,让爸爸妈妈猜猜是什么事。

◆ 宝贝假装吃一样东西,让爸爸妈妈猜猜是什么好吃的。

◆ 把一项活动的内容(例如:去餐馆吃饭、去游乐园玩、去商店买东西……)从开始到结束的完整过程表演出来,让爸爸妈妈猜猜是什么活动。

◆ 换爸爸妈妈表演,宝贝来猜。

看我大变身

儿童的世界是充满想象的。每个大人可能都还记得,自己小时候看到木头上的纹路,就会把它想象成一张人脸;看到天上的白云,就会把它想象成一只小羊……然而,随着年龄的增长,世界在我们眼里慢慢褪去了童话的色彩,变得平常乏味。

想象力是多么宝贵的财富啊!它能让生活充满乐趣,让头脑和心灵保持活力。但是,在互联网时代,电子媒体的泛滥在一定程度上影响了儿童想象力的发展。儿童对电子屏幕输出的信息是被动接受的。观看电子设备的时候,他们的大脑无法活跃起来,不能主动思考,想象力就在不知不觉间受到遏制。

怎样用轻松有趣的方式开发孩子的想象力呢?试试下面这个小游戏吧!

家长在纸上画一个简单的基本图形,例如一个三角形,让孩子说说它可能是什么。

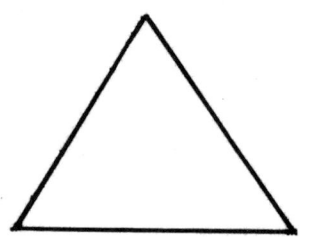

一个三角形会是什么呢?可能是一个三明治,也可能是一块积木,或者三角尺、风筝、奶酪、叠起来的纸巾……打开脑洞尽情想象吧!

如果孩子感到困难，家长可以跟他一起想，轮流说答案。孩子受到鼓励，思路会变得越来越开阔。在思考的过程中，孩子思维的触角会向四面八方伸展开。练习多了，他就会逐渐习惯从多角度看待事物。

当再也想不出更多答案的时候，家长可以在图形上加上一笔。

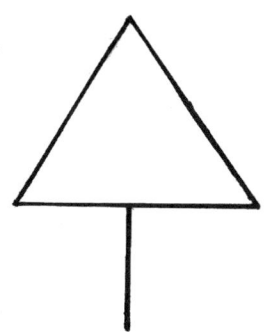

现在它又变成了雨伞、警示牌或者牙签上插着的一块蛋糕……孩子可能会有更奇妙的想象，也许会说是长尾巴的怪兽等。这个游戏是没有固定答案的，孩子可以天马行空地自由想象。不管他的想法多么荒诞不经，都值得鼓励。这说明孩子正在放飞他的想象力。

接下来，如果把这条线移到另一个位置呢？又会想到什么？如果把三角形换成圆形、方形、半圆形呢？……

此外，家长还可以引导孩子在简单的几何图形的基础上作画，把想象中的画面画出来。例如，把一个长方形变成一头牛、一辆汽车、一个城堡、一张房间平面图，甚至是一个运动场……可以变成很多很多东西。

除了这些"变身大法"，还有一个主意孩子们会很喜欢：用这个长方形当身体，把它变成人。给它配上服饰、帽子、表情、动作，它就成了一个有着特定身份和性格的人。例如，可以把它变成一个骑士、一个国王或者一个机器人。

家长可以画三个长方形，让孩子把它们变成不同的人。

画好后让孩子讲一讲,他们都是谁,名字叫什么,还可以编一个跟他们有关的故事。

除长方形外,家长也可以画正方形、圆形、三角形等其他基本图形。然后让孩子想一想,它们能变身成什么?打开脑洞吧,不要束缚你的想象力!

家长也可以和孩子一起动手。你用方形变出一个积木人,我用圆形变出一个大肚子怪物。看谁的想象更有趣。

用这些图形专画怪物也是非常有趣的。添上奇怪的手臂,古怪的脑袋,夸张的五官……画完看看,是不是超乎你的想象?这种玩法能带来很多欢笑,也能让孩子的想象力得到更自由的发展。

一个简单得不能再简单的图形,能变出一个小世界。这就是人类想象力的神奇力量。

亲子游戏时间

在纸上画一些简单的几何图形,长方形、圆形、三角形……全家一起开动脑筋,想想它们可能是什么?再利用画笔帮助它们变身。

- ◆ 能把它们变成动物吗?
- ◆ 变成人呢?
- ◆ 还能变成什么?
- ◆ 能把它们变成大怪物吗?试试看吧!
- ◆ 给它们取个名字吧!
- ◆ 能不能用它们编个故事呢?

黑暗游戏

有一次,我在网上看到一则关于"黑暗餐厅"的新闻。所谓黑暗餐厅,就是没有一丝照明、完全处在黑暗之中的餐厅。用餐者要在绝对黑暗的环境中进入餐厅、点餐并用餐。据说,这个新奇的创意吸引了不少顾客前往体验。

人们为什么会对这样的餐厅产生好奇呢? 这是因为,每个人都知道视觉对生活的重要性。如果什么都看不到,我们的生活会变成什么样子? 那些平时习以为常的行为还能正常进行下去吗?

如果有机会体验一次黑暗中的生活,相信每个人都会更加了解视觉的重要性。于是,我想到了一个"黑暗游戏"。

游戏方法:

家长用眼罩或布条将孩子的眼睛蒙起来,下达指令让他完成。

"宝贝,你现在什么都看不见,还能完成妈妈给你的任务吗? 我们来试试吧!"

(1) 寻宝

"现在向右转,然后一直往前走……现在停下,摸摸你的左手边,是不是有几本书?把倒数第三本书拿出来吧。"

"往前走……现在停下,向左转,伸手摸摸你面前有几件衣服,你能找到自己的那件吗?"

给孩子一个清晰的路线指令,让他在没有视觉帮助的情况下,仅凭摸索完成指定的任务。

没有了视觉的帮助,孩子的注意力会变得更加集中,并体会到一种探险般的新鲜感。

提醒:在游戏过程中,家长要时刻注意孩子的安全。

(2) 日常生活体验

"往前走,摸到餐桌和你的椅子了吗?坐到椅子上。这是给你的一个盘子和一把叉子,盘子里有一些可以吃的东西。你尝一尝,知道都是什么东西吗?"

"摸到桌上的纸和笔了吗?能不能写几个字或者一句话呢?"

吃东西、写字、穿衣服、穿鞋、玩玩具……这些平时习以为常的行为,在看不到的情况下去做,就变成了有趣的挑战。

(3) 做家务

一般来说,让孩子做家务不是一件容易的事。在玩这个游戏的时候,家长可以趁机让孩子体验一回做家务的感受了。

"在看不见的情况下,你能把沙发靠垫整理好吗?"

"你能不用看就把这些玩具收拾整齐吗?"

在看不到的情况下,孩子会对自己要做的事情保持高度集中的注意力,也会认真地听家长的指导。

不依赖视觉去做事,是一种打破常规的挑战,也是一种新鲜而特别的体验。通过这样的体验,孩子会重新发现视觉的重要性,也会逐渐懂得发掘其他感官的作用。

亲子游戏时间

宝贝蒙上眼睛,爸爸妈妈发出"指令"让宝贝完成。然后双方互换身份,爸爸妈妈蒙上眼睛,由宝贝发出任务指令。你们是不是都能很好地完成任务呢?

一起超级变变变

日本有一个很长寿的综艺节目叫《超级变变变》，是一个让业余参赛者运用肢体、化妆、道具等方式进行模仿的节目。模仿对象可以说是五花八门。有些看上去似乎难以模仿的对象，参赛者也能用一种富有想象力且幽默的方式表现出来。例如，一排晃动的手掌可以模仿浪花，跑来跑去的人群可以模仿流动的液体，甚至用脑袋当台球，用肚皮演绎龙卷风……看了这个节目，你会觉得世界上简直没有什么东西是模仿不了的。

"超级变变变"是一种非常好的开启创造力的玩法，爸爸妈妈也可以跟孩子一起玩。

跟之前的模仿游戏不同，这里的"超级变变变"是亲子合作模仿，需要爸爸妈妈与孩子之间默契配合。没有服装道具也没关系，只要模仿出对象的典型特点就可以了。

模仿什么呢？从一天的清晨开始模仿吧。

叮铃铃！闹钟响了。模仿一下闹钟吧。妈妈当钟表的身体，孩子站在妈妈前面，用两只小手臂当指针。

六点钟了，两只小手臂一上一下。

七点钟了，"时针"走了一格。

（这个游戏可以让孩子熟悉钟表指针的走法。）

　　起床了,该洗漱了。模仿一下刷牙吧。妈妈圈起手臂当牙齿。孩子演牙刷。可以用小脑袋、也可以用小手臂当牙刷头,上上下下,里里外外刷一遍。牙齿刷得真干净!

　　洗漱完,该吃早饭了。妈妈可以用手臂当筷子,孩子演面条。筷子夹起面条,送到大嘴巴里去……还可以模仿做三明治、切火腿、剥鸡蛋壳……

　　吃饱了,去看看阳台上养的小花吧。妈妈一手叉腰,一手平伸模仿喷壶,孩子把两只小手合拢起来举到头顶上模仿花苞。淅沥沥,淅沥沥,随着喷壶一次次浇水,花儿慢慢盛开啦。

接下来干什么呢?去公园吧。快看,公园里有好玩的"迷你挖掘机"!妈妈和孩子一个演驾驶员,一个演挖掘机。"挖掘机"伸出一只手臂当机械臂,举起另一只手臂当操纵杆。"驾驶员"通过操纵杆来控制挖掘机机械臂的伸展、弯曲、平移、挖土、倒土……很有趣也很有难度。

玩完挖掘机,再玩什么呢?看,那边还有海盗船!妈妈仰卧,弓起身体模仿海盗船,孩子坐在"船上",抓住"扶手"(妈妈的手臂)。海盗船左摇摇、右摇摇、前摇摇、后摇摇,好刺激呀!宝贝一定要抓紧扶手,不要掉下来!

可能很多妈妈都跟孩子玩过这个游戏。这种玩法既考验肢体动作的协调性,又让家长与孩子有机会进行肢体上的亲密接触,还具有适度的惊险刺激感,孩子会非常喜欢。

在"超级变变变"的游戏中,妈妈和孩子可以不断地拓展模仿对象的范围。爸爸也可以参与进来,帮忙出主意或者三人合作模仿。

全家同心协力合作模仿一个对象,很有挑战性也很考验想象力。最终模仿成功的时候,全家内心的成就感和喜悦感是不言而喻的。

亲子游戏时间

◆ 爸爸妈妈和宝贝一起模仿一下日常生活中的活动,看看模仿得像不像?

◆ 全家一起回忆近期的一次家庭活动,合作模仿一下在其中见到的各种对象吧。

第四章

语言的艺术

在游戏中悄悄走近我们的母语——汉语。

你会发现,

她是世界上最奇妙、最美丽的语言。

自由接龙

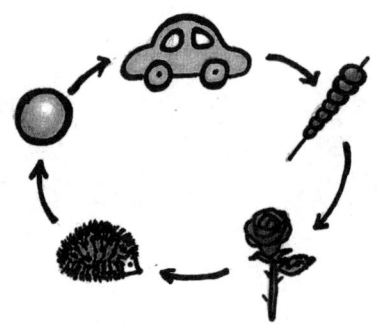

有一次,我和儿子在公交车站等车,车辆却久久不来。这种时候不要说孩子,就连大人都容易失去耐心。果然,儿子百无聊赖,开始围着车站跑来跑去。

我看着他,心想:要是有个好玩的小游戏跟他一起玩玩就好了,既能让他安静下来,又能打发这段无聊的时间。

可是玩什么呢?放眼望去,周围只有平淡无奇的树木、行人、汽车、电线杆,都是再常见不过的景象……

这时我突然有了一个主意。何必费神去想玩什么呢?眼前这一切不都可以变成游戏内容吗?

我琢磨了一下,对儿子说:"咱们玩个接龙游戏吧!你说一个词,我接一个由它联想到的词,然后你再接,这样轮流接下去。"

儿子还不太明白:"什么意思啊?"

"咱们先试试吧。你先说一个词,比如随便一个你看到的东西。"

"嗯……汽车。"

"好。轮子。汽车让我想到了轮子。你再说一个'轮子'让你想到的词。"

儿子明白了,兴致勃勃地接道:"圆形!轮子都是圆形的。"

"好。圆形……披萨饼。披萨饼是圆形的。"

"嗯……爸爸。"

"爸爸?"这下我不明白了。

"爸爸喜欢吃披萨饼呀!"

哈哈……

这就是第一种自由接龙的玩法:**它能让我想到啥**

实际上,这是一个对具有相关性的事物进行联想的过程。

游戏的要求并不严格,只要能找出两种事物之间的任何一种联系,能自圆其说就可以。儿童的思维和成人不同。即使在成人看来很荒唐的联系,在儿童的逻辑里也是说得通的。

玩了一段时间以后,我又设计了几种不同的玩法。

玩法二:谁也是这样的

这种玩法是这样的:一方先说出一个条件,例如"说出一样软的东西"。然后跟对方轮流说出"软的东西"。

"面条。"

"果冻。"

"毛巾。"

"橡皮泥。"

……

就这样轮流接下去,看谁能坚持到最后。

再比如:

"说出一样会变颜色的东西。"

"变色龙。"

"云彩。"

"树叶。"

"螃蟹。"

有时候一个意料之外的答案会带来惊喜的效果。

这种玩法可以锻炼孩子的发散思维能力和提取事物共同特征的能力。

玩法三：谁跟它有一样的地方

先说出一个物品的名称。例如：鸡蛋。

想一想，什么东西跟鸡蛋有一样的地方呢？

"蜗牛。因为鸡蛋和蜗牛都有壳。"

那蜗牛跟什么东西有一样的地方呢？继续想下去。

"蜗牛和树懒。因为它们动作都很慢。"

"树懒和知了。因为它们都喜欢待在树上。"

"知了和音箱。因为它们发出的声音都很大。"

……

这种玩法跟"它能让我想到啥？"是不一样的。"它能让我想到啥？"是由一个词联想到另一个词，两者之间只要有联系就可以，不一定有共同点。而"谁跟它有一样的地方？"则是要找出两种对象之间的共同之处，也就是说，孩子要提取出两者之间的共同点。

在寻找共同点的时候，孩子也许会说出让成年人意想不到的离奇想法，这是值得鼓励的。这说明孩子在进行可贵的独立思考。

玩法四：谁跟它不一样

跟上一种玩法相反，这次是寻找接龙对象的不同点。

"铅笔。"

"铅笔和水桶。一个很细，一个很粗。"

"水桶和豆子。一个很大,一个很小。"

"豆子和小石子。一个能吃,一个不能吃。"

"小石子和棉花。一个很硬,一个很软。"

……

通过这样的玩法,孩子可以逐渐了解到不同对象之间的差异。

这几种玩法玩久了,孩子就会对"联系""共同点""不同点"这些词的含义有越来越深刻的了解。

需要提醒的是,这几种自由接龙的玩法不要同时玩,因为它们的玩法比较相似,一起玩可能会给孩子造成混乱。每次玩一种或两种就可以了。

"自由接龙"的重点在于"自由",不必过多地考虑规则,只要能让孩子的思维天马行空地活跃起来、发散开来就好。

自由接龙是一个随时随地都能玩的游戏。它能很快吸引孩子的注意力,让孩子沉浸在思索的乐趣中,度过一段愉快的时光。

亲子游戏时间

◆ 爸爸妈妈说一个词(比如太阳、气球、花、铅笔……),宝贝想一想,它能让你联想到哪个词?为什么?你能跟爸爸妈妈轮流接龙下去吗?

◆ 说出一个条件或者特征(比如红色的东西、很轻的东西、又凉又光滑的东西……),宝贝和爸爸妈妈一起,根据这个条件或特征玩接龙游戏。

◆ 爸爸妈妈还可以和宝贝一起,根据事物的共同点和不同点玩接龙游戏。

拼音转盘

每年一到幼升小前夕,幼儿园大班的家长中间就会开始涌动一股焦虑的情绪。

"我孩子上的幼儿园不教拼音,听说很多孩子上小学前都学过拼音。我的孩子上了小学以后会不会跟不上?"

"听说现在小学拼音教得特别快,不到一个月就教完。我的孩子学东西慢,学不会怎么办?"

"孩子要不要上幼小衔接班呢?真担心学拼音的问题。"

家长们的担心不是完全没有道理。孩子上了小学以后,会同时接触汉字、拼音,可能还有英语。如果没有任何基础,有些孩子的确会感觉有点困难。

怎样把难以记忆的拼音变得让孩子容易接受呢?

做个能把学拼音变成有趣游戏的"拼音转盘"吧。

制作方法

(1) 在白色卡纸上画三个大小不等的圆。

(2) 在小圆的圆周边上写上23个声母:

b p m f d t n l g k h j
q x zh ch sh r z c s y w

(3) 在中圆的圆周边上写上24个韵母:

a o e i u ü ai ei ui ao ou iu ie üe
er an en in un ün ang eng ing ong

（4）在大圆的圆周边上写上7个三拼音节末尾的韵母（在shuai、liao这样的多音节拼音里用得到）：

a o ai ao an ang ong

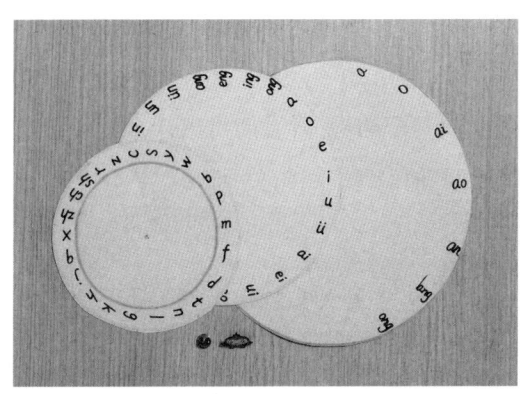

（5）用一个胸针扣把三个圆从圆心处固定在一起，拼音转盘就做好了。

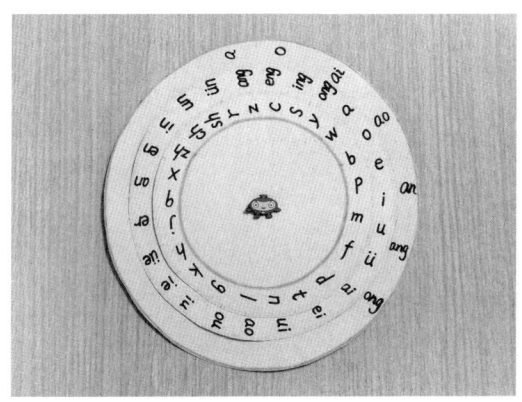

转动不同的圆，可以把不同的声母和韵母拼在一起。

孩子会觉得它像个转盘玩具，很容易对它产生兴趣。家长可以先用它教孩子认读声母和韵母。当孩子学会认读以后，家长就可以跟孩子一起玩以下的玩法：

玩法一：

把拼音转盘转一转,用同一个声母搭配不同的韵母,看看能拼出什么读音。例如:ba,bu,bao,beng……

可以让孩子试着用这些读音分别组词。

例如:ba,爸爸。bu,不要。bao,包子。beng,蹦蹦跳跳。

玩法二:

用不同声母搭配同一个韵母,看看能拼出什么读音,也让孩子组词试试。例如:ta,la,ha,na。组词:他们,拉手,哈欠,那里。

玩法三:

家长想一个词,用转盘拼出读音,让孩子猜是什么词。

例如:tai kong chuan(太空船)。

玩法四:

家长和孩子一起任意拼出几个读音,看它们连在一起有没有意义?没有意义的话,能不能想出有趣的意义?

例如:拼出三个读音 jin,sa,long,可以连成这样一句话:魔术师把金(jin)色的魔法粉末撒(sa)在一只变色龙(long)身上。

玩法五:

任意拼几个读音,连起来当成给对方起的名字,效果会非常好玩。

除了这些,孩子说不定还能发明出更多有趣的玩法。

这样玩,拼音就不再是一堆令人头大的字母,而是变成了隐藏着无穷乐趣的游戏对象。

不管孩子上没上小学,家长都可以经常跟孩子一起玩玩拼音转盘。它能让孩子在没有压力的状态下熟悉拼音,也能让孩子在不知不觉中提高拼读和组词能力。

亲子游戏时间 ……………………………………………………………

请爸爸妈妈制作一个拼音转盘,跟宝贝一起玩玩拼音游戏吧。

汉字多米诺

有一次,我在超市见到一种叫"汉字多米诺骨牌"的玩具,其实就是一些印着汉字的小木块。看到它,我脑子里浮现出好多主意。除了当多米诺骨牌玩,这些小木块还可以用来当作积木搭房子、造车库。因为上面有汉字,用它们玩起拼字游戏来也是变化无穷。这个玩具的有效使用期远超其他玩具,从幼儿园一直到小学都可以玩。对玩具来说,贵的并不一定是好的,有丰富的变化性和创新空间的玩具才是好玩具。当然,家长的引导也很重要。只要父母动动脑筋,就能给孩子带来新鲜有趣的游戏。

以下是我和儿子玩汉字多米诺骨牌游戏的一些玩法:

一、自由搭建

把它们当成积木随意搭建。让孩子的想象天马行空,自由驰骋,想到什么就搭什么。可以给他一个主题,也可以他搭完让家长猜。这是最启发创造性的一种玩法。

上图是我儿子搭的"植物大战僵尸"。虽然只有他自己看得懂,但我相信搭建的过程一定给他带来了很多快乐。

二、组词"麻将"

孩子和家长对坐,各自在面前摆一排数量相同的牌,让有字的一面朝向自己,就像打麻将一样。游戏开始后,双方轮流从牌堆里摸一张牌,看能否与自己牌列里的牌组成一个词。(例如:"山"和"下"可以组成"下山"。)如果能组,就把这两张牌亮出来,放置在一边。如果不能组,就把刚摸到的那张牌放进自己的牌列里。双方继续摸牌……最后看谁先把自己面前的牌打完。

玩这个游戏的时候,孩子要在十几个字中寻找一个字来组词,要在脑中尝试不同的组合方式。在这个过程中,他认了字,熟悉了词语,还鉴别了多音字和多义字。这些都是在好玩的"打麻将"的过程中不知不觉地完成的,孩子丝毫感觉不到学习的压力。

三、说说反义字

双方各摸一张牌,迅速说出牌上字的反义字或意义相对的字。(例如:"山"可以对"水"。)答案不唯一,能自圆其说即可。遇到实在不好找反义字的,也可以自己找理由编一个。(例如:"毛"可以对"滑","毛茸茸"对"光滑"。)

四、造句游戏

双方各摸一张牌,其中一方造个句子,把这两张牌上的两个字包含进去。

为了增加趣味,造句的时候可以打开脑洞,说些新奇的桥段。比如,摸到"六"和"田",可以说"六个外星人站在麦田里,找不到他们的飞碟了"。玩得有趣才是最重要的。

如果想增加游戏的难度,可以增加字数,摸三张或四张牌来造句。

五、故事接龙

与上面的游戏玩法有点相似。双方轮流摸牌,利用牌上的字进行故事接龙。

"瓜,一个小孩儿正在吃西瓜。门,门外突然传来一阵声音。大,他跑出去一看,外面有一只大象……"

故事开始可能是很简单、没意义的,但随着新字的加入,故事情节会逐渐变得曲折、反转,最后可能会讲出一个非常荒唐、非常好玩的故事来,比直接编故事的效果精彩得多。

用过的字按顺序摆在一边。故事结束后,让孩子看着这些字把故事从头到尾复述一遍,可以锻炼记忆力。

六、字谜游戏

一方摸一张牌,将牌上的字编成一个谜让对方猜。(例如:"布"可以编成这样一个谜:做衣服的材料。)不必在意字谜的严谨程度,用孩子的方式编即可。

如果买不到这样的汉字多米诺骨牌,家长也可以自制字卡代替。

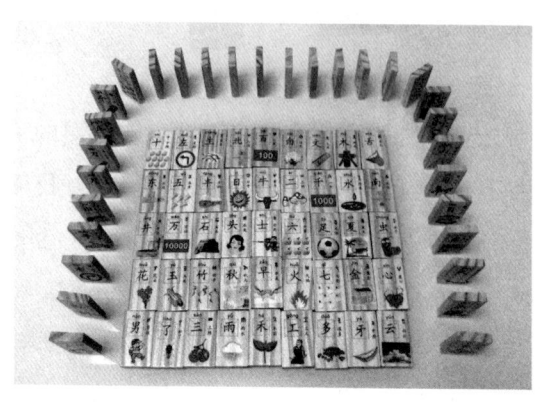

只要开动脑筋,这个玩具能开发出很多种玩法。孩子在玩的过程中不知不觉就提高了语言文字能力。

亲子游戏时间

爸爸妈妈准备一副汉字多米诺骨牌,或者用纸片、木片等自制一副字卡,跟宝贝一起玩玩游戏吧。

找一找，拼一拼

早期阅读对儿童来说有着非常重要的意义。让孩子从童年早期开始熟悉书籍，养成从书籍中探寻世界的习惯，孩子就可能跟书籍成为一生的朋友。

就阅读来说，识字量是很重要的，但是现在的教育理念不建议对学龄前的孩子进行灌输式的识字教育。有没有什么好办法，能让孩子以自然的方式接触文字呢？

在儿子小时候，我跟他玩过一个用字卡拼句子的游戏：找一找，拼一拼。

字卡可以购买，可以打印，也可以自制。当孩子有了一定的识字基础，认识几十个常用字的时候，就可以玩这个游戏了。

妈妈首先拿出字卡，让孩子熟悉一下，然后从最简单的玩法开始玩。

"宝宝，你看，妈妈找到了一个'大'字。你能帮妈妈找到另外一个字，跟它组成一个词吗？"

孩子对寻宝类的游戏总是很感兴趣的。

一般来说,孩子能比较容易地拼出"大人""大火""大山"等词。

孩子找到以后,妈妈可以把两张字卡摆在一起,跟孩子一起念一遍,让他体会一下创造的成就感。

当孩子熟悉这个玩法以后,妈妈就可以增加一点花样了。

"我们能不能给这个词再加一个字呢?"

如果孩子不明白,妈妈可以给他示范一下。

"前面加一个'上',就变成'上大山'了。"

"再加一个'我'怎么样?'我上大山'。"

一堆字卡可以变出词,还可以变出句子。孩子会觉得这像变魔术一样充满趣味。

对文字组合的要求不必太高,只要能看出大概意思,没有大的语法错误就可以。

游戏进阶

- 找一个字,用它拼出一句话。
- 一人拼一句话,不停"交谈"下去。
- 把拼好的一句话改动一下(替换句中的文字或者调整字的位置),使它变成另一个意思。

孩子可能玩着玩着就开始"恶搞文字",故意摆出意思不通的句子,然后哈哈大笑。

这没什么。他觉得好笑说明他知道这个句子有问题。

妈妈可以说:"这样拼太好笑了,那怎么把它改成对的呢? 你知道吗?"

如果孩子坚持拼错句,就让他拼个够吧。这实际上也是一种学习。

当孩子的兴趣开始降低的时候,家长要及时把字卡收起来,过段时间再玩。保护好孩子的兴趣是非常重要的。

这个游戏把语言文字变成了能看见又能实际操作的实体。孩子通过拼词、拼句、调整语序的练习，会对文字、语言结构和语法产生直接的感性认识，从而对语言文字产生兴趣。

 **亲子游戏时间**

爸爸妈妈将附录中的"儿童常用三百字"做成字卡，跟宝贝一起玩玩"找一找，拼一拼"吧。

我是出谜大师

儿童对猜谜的喜爱源于天生的好奇心。对未知事物的想象和猜测能给他们带来思考的快乐。

我们从网上和书上能找到很多谜语,可我常常感觉很多现成的谜语并不适合孩子。很多谜语是成年人按照他们对世界的观察角度和理解设计的,又常常使用工整对仗的句式,不太符合儿童的认知特点和接受程度。于是,我开始自己给儿子编谜语。

有一次,我给儿子出了这么个谜:"有一件事,我在做的时候,需要用到水,还要用一个长方形的东西。我是在做什么呢?"

儿子想啊想,几乎把能用到水的行为全说了一遍:"喝水?……吹泡泡?……刷牙?……"

在他猜测的过程中,我一点点地增加提示:"需要用很多水……那个东西有手掌这么大……用了它会出现很多泡沫……"

最后他终于恍然大悟:"是用肥皂洗衣服!"

不必考虑形式是否工整,也不必考虑"像不像谜语",只要像对孩子说话那样说出来,让孩子容易理解就可以了。

"有一种东西你很喜欢吃,看起来红红的,有点黏糊糊的,吃的时候要小心,别弄脏了衣服。"

答案是意大利面。

也可以自编字谜。

"有一个字,样子很像天,但是比天要高一点。"

答案是"夫"。

汉字、数字、字母……都可以找出有趣的方式编成谜语来猜。

儿子也喜欢给我出谜,常常带有脑筋急转弯的特点。有些比较幼稚,有些还真能让我吃一惊。

"有一次,小明在纸上写字,可是写了半天,纸上什么都没有。这是怎么回事呢?"

"笔没墨了?"

"不对。"

"他在假装写?"

"不对。"

我只好认输:"那我不知道。"

他得意洋洋地宣布:"他是用白笔写的!"

我傻眼。

再比如这个:"小丽出门了,走起路来一瘸一拐的,这是为什么?"

天生有残疾? 脚受伤了? 都不对。

原来小丽着急出门穿错鞋了,一只脚穿着高跟鞋,另一只脚穿着拖鞋!

不得不承认,这样的谜语我还真编不出。

自编谜语虽然看上去幼稚,却是真正符合儿童心智水平的。它会让孩子觉得,这样的谜语没什么难的,我也会编,从而让孩子产生真正的兴趣并进行积极主动的思考。

每个人都可以变成出谜大师,只要保留一份纯真的童心。

亲子游戏时间

- ◆ 宝贝把一样东西编成谜语给爸爸妈妈猜。
- ◆ 把一件自己或自己的家人朋友做的事编成谜语给爸爸妈妈猜。
- ◆ 编个字谜试试。
- ◆ 编个脑筋急转弯,看爸爸妈妈能不能猜出来。
- ◆ 请爸爸妈妈出谜给宝贝猜。

会讲故事的卡片

天下所有的孩子都喜欢听故事。现在有数不清的绘本、故事机和讲故事的APP,都在为孩子讲述各种精彩有趣的故事内容。事实上,孩子的思维是非常活跃的。他们不仅会吸收故事中的内容,还可以对内容进行再加工,并进一步创造出符合自己认知层次的新故事。

引导孩子编故事,可以帮助他们开动脑筋,锻炼思维能力、想象力和语言表达能力,是一种非常有益的脑力活动。可是,对很多人来说,凭空编一个故事似乎是很困难的。讲什么呢?大脑一片空白。这个时候,可以让一件讲故事的"神器"——"会讲故事的卡片"来帮忙。

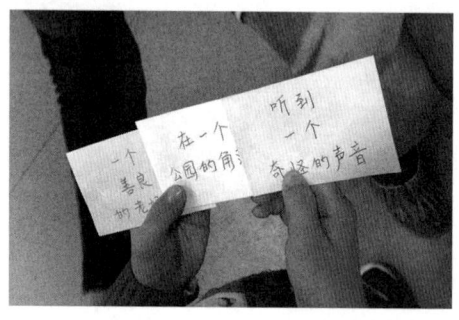

利用图中的三张卡片,可以拼成一句完整的话:

"一个善良的老奶奶/在一个公园的角落/听到一个奇怪的声音。"

这句话就可以成为一个有趣故事的开头。

老奶奶听到了什么声音?这声音是谁发出来的?它怎么了?老奶奶接下来会怎么做?后来又会发生什么?

有了开头,故事就可以不断生长出新的脉络。家长和孩子就可以沿着这些脉络发挥想象力,让故事发展下去。

"会讲故事的卡片"制作方法:

准备一些小卡片,在上面写上三类内容:

第一类是"谁",也就是人物,包括人和具有人格特征的一切对象。比如"一只胆小的小老鼠""一个爱哭的小女孩""一个友善的巨人"……最好赋予他们一些鲜明的性格特征。

第二类是"在哪儿",也就是地点。"在家里的衣柜里""在一个地下室里""在森林里的一个小木屋里"……带点神秘色彩更好。

第三类是"发生了什么",也就是事件。比如"听到有人在叫他""发现一件奇怪的事""看到一个从来没见过的东西"……这一类最好是一些开放性的、有悬念的、能促进后续情节发展的内容。

每一类都准备一二十张卡片,然后按照一、二、三类的顺序分三叠摆好。

玩的时候,让孩子从三叠卡片中各随机抽出一张,摆在一起。这三张卡片就可以拼成一句完整的话,成为故事的开头。

接下来,就可以让孩子尽情发挥想象,将故事发展下去了。

不管孩子讲的故事是不是合理,是不是好听,家长都应该认真倾听并积极回应。这是孩子宝贵的创作过程,是值得鼓励的。

家长也可以跟孩子玩"故事接龙"。你讲一段,我讲一段,共同发挥智慧,孩子的兴趣就会越来越浓。

如果故事发展不下去了,可以继续从卡片堆中抽出新的卡片,给故事增加新的发展线索。例如:

"这时候,她看到'一只爱哭的小狗'。"

"他走着走着,看见'一个神秘的山洞'。"

"他低头一看,'发现地上有一个小盒子'。"

新线索能给故事情节的发展带来推动力,也能带来令人惊喜的反转效果。为了让情节衔接得自然合理,故事的讲述者要开动脑筋,自圆其说。

在这种愉快的游戏气氛中,孩子的逻辑思维能力、语言表达能力和作文能力都能得到一定的锻炼。

亲子游戏时间

爸爸妈妈和宝贝一起制作一套"会讲故事的卡片",用它们练习讲故事吧。

搞笑拼句

上一篇《会讲故事的卡片》分享了一个用写有人物、地点、事件三元素的卡片讲故事的游戏。如果把卡片上的内容改一下，就可以玩另一种风格迥异的游戏：搞笑拼句。

把"地点"范围无限扩大，让它不受任何限制，甚至超越想象——"在床底下""在热气球上""在外太空里""在玻璃杯里"……

把"事件"范围也无限扩大，除了日常生活中的行为，再加上各种幻想中的甚至是突破常规的行为——"刷牙""跳肚皮舞""飞来飞去""变身"……

现在，把三类卡片再组合在一起，会产生什么样的效果呢？

"船长在一朵花上跳芭蕾舞。"

是不是画风清奇？

把各种不相关的元素简单粗暴地拼凑到一起，会产生一种出乎意料的搞笑效果。

之所以感觉搞笑，是因为这种随机搭配基本元素的组合方式，能产生实现幽默的要素：意料之外、不合常理、逻辑错位、心理冲击。

看惯了合乎常理的内容，人们对不合常理的内容会格外感兴趣。

除了把三元素做成卡片，也可以写在一张纸上。家长和孩子分工在纸上写下不同元素，然后把它们连成一个完整的句子。示例：

	谁	拿着(用)什么东西	在哪儿	做什么
1	毛毛虫	水瓶	在讲台上	跳高
2	小猫	橡皮	在树上	吃雪糕
3	小狗	牙刷	在游泳池里	织毛衣
4	老鼠	吸管	在空中	跳广场舞
5	爸爸	魔杖	垃圾桶	吃泡面
6	外星人	香蕉皮	飞机	睡觉
7	我	游泳圈	汽车	看手机
8	光头强	树枝	云上面	吃棉花糖
9	奥特曼	白纸	房顶上	喝牛奶
10	狮子	玉米	在衣柜里	下棋

"光头强用牙刷在云上面织毛衣。"这画面只要想想就觉得够好笑了。

如果觉得写在纸上也麻烦的话，还有口头编故事的玩法：

全家三人商量好，每人负责"人物""地点""事件"三种元素中的一种。游戏开始后，大家各自在心里默想一个选项，然后按照顺序轮流说出来。最终的组合效果一定连段子手都编不出来。

除了拼句，这个游戏还可以继续玩出新的花样：让孩子把拼好的句子中出现的场景画下来。如左图所示，就是根据"毛毛虫拿着手枪在火星上唱歌。"的句子画出来的。

这样画出来的画，就是一幅从内

容到形式都由孩子独立创作的漫画。

接下来,还可以给这个场景想出理由,编出情节。例如:光头强为什么要织毛衣?为什么用牙刷织毛衣?他又怎么跑到云上面去了呢?也许可以编一个这样的故事:

熊大从火灾中救了光头强一命,却把身上的毛烧光了。光头强为了报恩,决定给熊大亲手织一件毛衣。他弄丢了毛衣针,只好用牙刷织毛衣。他一天到晚织呀织,人家带他去高空跳伞他还在织。结果,光头强织着毛衣跳出机舱,落到了一堆云上,就在云上面继续织起来了……

只要敢于想象,一切皆有可能。再荒唐的情节设置也能找出令人信服的理由。

接下来,还可以把三元素继续加进去——

后来,光头强从云上一下子掉到了游泳池里,见到了正拿着香蕉皮睡觉的奥特曼……

这下可以玩穿越了!

虽然这个游戏最初的目的是搞笑,但在玩的过程中,孩子的想象力和编故事的能力都可以得到锻炼。

也许未来的作家和编剧就这么玩出来了呢!

> **亲子游戏时间**

◆ 爸爸妈妈和宝贝想一些脑洞大开的元素,玩玩搞笑拼句的游戏吧。可以把三元素制作成卡片,也可以写在纸上,还可以口头玩。

◆ 宝贝把拼出来的句子画成一幅有趣的画吧。

◆ 宝贝用这幅画编个故事讲给爸爸妈妈听吧。

神 秘 来 信

好奇心是人类的天性,也是推动人类文明进步的重要动力。即使是成年人,也会忍不住对未解之谜充满好奇。回忆自己的童年,是不是对暗语、密信这样的东西特别感兴趣? 神秘的信息里到底隐藏着什么秘密? 越是猜不出来就越想知道。

如果给孩子一封"神秘信件",让他来破译,孩子一定会非常兴奋。

"宝贝,我这儿有一封神秘信件,你能破译一下吗?"

亻 今 二 吃 仁 么 ?

(你今天吃什么?)

"这封信里的字都是不完整的,看不懂,所以才叫神秘信件。你想一想,它们本来是什么字? 连起来是一句什么话? 你能把它们补全吗?"

一个单独的残缺不全的字能让人联想到很多不同的字,可是如果把多个残缺字连成一句话,可能性就基本只有一种了。

在这个游戏中,孩子要通过残缺的字及前后文逻辑判断句义,确定目标汉字。这个过程会产生一种"破案"般的成就感,能锻炼孩子的逻辑推理能力。

当孩子最终通过自己的联想和思考找到答案时,会感受到一种真相大白的喜悦感。

当孩子"破译"出来后,可以让他使用这个方法,给家长回一封"神秘信件",让家长"破译"。

开始玩这个游戏的时候,每个字的笔画可以多写几笔,让挑战难度低一点。等孩子熟悉这种玩法以后,就可以试试减少笔画,提高一点难度。

亽 二 天 心 吗?

(今天开心吗?)

如果笔画很少,猜的难度是很大的。在孩子想不出来的时候,可以在字上加一笔,再加一笔,让他既要动脑筋、又有信心玩下去。家长要把游戏的难度调整得恰到好处,以便既引起孩子的兴趣又不致给他带来太大挫败感。

另一种版本的"神秘信件"是这样的:

明 我 去 儿玩?

(明天我们去哪儿玩?)

按照一定的间隔,隐去句子中的一部分字,让孩子猜整句话的意思。这种玩法同样能锻炼孩子的逻辑推理能力。

这个带有悬疑推理色彩的游戏,既能让孩子体验一把"破案"的兴奋感,又能在无形中发展孩子的语言文字能力。

亲子游戏时间

◆ 爸爸妈妈给宝贝写一封隐去部分笔画的"神秘信件",让宝贝"破译"一下吧。

◆ 再给宝贝写一封隐去一部分字的"神秘信件",让宝贝再试一试。

◆ 宝贝给爸爸妈妈回一封"神秘信件",让他们来"破译"一下。

纸 上 接 龙

很多人都玩过接龙游戏,成语接龙、歌名接龙……这是一种能激起参与者挑战欲望的游戏。

对孩子来说,比较适合他们的是最简单的词语接龙。

"早上,上车,车门,门口……"年龄小的孩子也能玩好久。

如果把词语接龙搬到纸上玩,会是什么样呢?

在田格纸的正中间写下一个字。

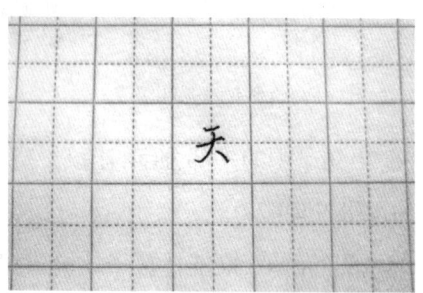

在这个字的任意一个方位进行词语接龙。

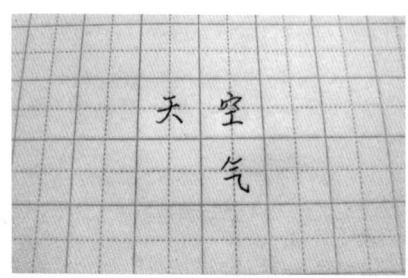

不必管方向和顺序,哪个位置能接就在哪个位置接。让词语沿着四面八方自由生长。

如果孩子能自己写,就让他写。如果不能写,就让他想,家长帮忙写。不管由谁写,游戏过程要以孩子为主。家长只是一个起配合作用的玩伴。

只要有机会,就不断地填下去、填下去,直到把整页纸填满。

当孩子看到自己的词语接龙能把一整页田格纸都填满时,就会很有成就感。

我之所以想到用田格纸来玩这个游戏,是因为连续的格子具备开放的方向性和无间断的特点,可以让思维自由伸展。

当孩子看到词语在不同方向像生机勃勃的植物一样不停生长开来的时候,会觉得非常奇妙。

在玩这个游戏的过程中,孩子能练习生字,还能增加词汇量。

有时候填着填着,孩子会突然发现一个出于巧合拼凑出来的新词。这会让他兴奋不已,就像发现了宝藏一样。又有的时候,一行本来毫无联系的字排列在一起,会组成一个看上去很荒诞的句子,让他大笑不止。

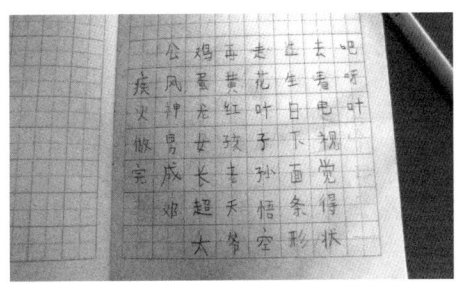

汉语就是这么神奇。不同的汉字排列组合在一起,会产生新的意义,也会让人产生有趣的联想。

通过这样的游戏,孩子能够感受到汉语的神奇魔力,并在潜移默化中爱上语文。

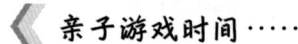亲子游戏时间

爸爸妈妈和宝贝一起利用田格纸玩玩词语接龙游戏吧。

我来说一说

对生活在现代社会的人来说，表达能力是一项非常重要的能力。不管处在什么环境，从事什么工作，良好的表达对生活都能起到帮助作用。因此，很多家长都很重视提高孩子的表达能力。

表达能力如何提高呢？是不是一定要去上小主持人班、演讲班，参加演讲比赛呢？

在我看来，表达的第一步，是张开口。只要习惯了开口说，就有了一个良好的开端。内容和技巧都可以在之后的尝试中慢慢提高。

怎么给孩子创造契机让他开口呢？可以玩玩这个游戏：我来说一说。

准备一些空白的小卡片或小纸条。全家围坐在一起，每人拿一支笔，把空白卡片平均分到每人手中。

接下来，每个人在自己分到的每张卡片上写一个自己脑中浮现出来的词语。"跑步""喝水""西瓜""睡觉"……任何词语都可以，想到什么就写什么。如果孩子不会写字，也可以用画画代替。

也可以写与全家的共同经历或共同熟悉的对象有关的词语。例如上次的旅行地、旅行过程中印象深刻的事物、一位孩子熟悉的亲属或朋友……

这些词语就是接下来的谈话主题。

写好以后,把所有卡片集中起来,背面朝上,像洗扑克牌一样混合一下,然后从一位家庭成员开始轮流抽卡片。

例如,爸爸先抽,抽到的卡片上写着"玩具"。那么就请爸爸聊聊跟"玩具"有关的事。

"现在的玩具种类太多了……"

"我小时候最想得到的玩具……"

"我以前会自己做玩具……"

就像聊天一样,想到什么就说什么。当其他人想回应的时候,可以加入进去一起谈论。如果谈论得很热烈,就让话题一直持续下去。

当话题内容变少的时候,下一个人就可以抽卡片,开始谈论下一个话题。

如果觉得写卡片麻烦,也可以轮流口头提出主题。

这不是演讲比赛,也不是命题作文,只是随机给出一个题目,让大家自由自在地说话。

当孩子要发言的时候,可以悄悄提醒他:"你可以先想想要说什么,想好了以后慢慢说出来。"

开始的时候,孩子很可能说得既没有重点,又没有条理,从"虫子"一下子跳跃到"外星球",听不懂在表达什么。

这个时候,爸爸妈妈最好控制住提醒他的欲望,尽量不要说类似这样的话:"你说这件事,怎么又跳到那件事去了?""你可以这样说……"

这些话可能会打断孩子的思路,更可能会破坏孩子说话的兴致。谁喜欢说话的时候不停地被别人指点呢?次数多了,孩子心里可能会留下这样的不良印象:"我说得不好。""说话真烦人。""不喜欢说。"……

所以,家长最好把心里那个关于"发言"的完美标准先放到一边,专注地、欣赏地听孩子说,给他一个属于他的完整时间。

如果孩子说得比较混乱,家长可以说:"你刚才说的我没听明白,你能再给我说一说吗?"孩子就会考虑考虑怎样说才能让别人听明白。

当孩子想不起还要说什么时,家长可以轻轻提醒他一些相关内容,鼓励他继续说下去。

总之,家长的提醒最好是不露痕迹、不引起孩子反感的。

语言的组织、内容的条理性这些技巧方面的问题,孩子会随着经验的增多慢慢领悟。让这个过程发生得更自然一点吧。在这个游戏中家长最重要的任务是:给孩子一个自由表达的机会和一段被用心倾听的时间。再也没有什么比这些更能给孩子鼓励的了。

一叠小小的卡片,能让一家人坐在一起聊上整整一个晚上,也能让孩子在一个自然的交流过程中一点点地习惯表达,喜欢上表达。在不知不觉中,孩子的表达能力就慢慢提高了。

亲子游戏时间

准备一叠小卡片,爸爸妈妈和宝贝分别写下自己和家人最感兴趣的内容,一起玩玩"我来说一说"吧!

附录　儿童常用三百字

一	二	三	四	五	六	七
八	九	十	百	千	大	小
多	少	上	中	下	前	后
左	右	远	近	里	外	出
入	来	去	回	开	关	东
南	西	北	水	火	土	日
月	山	石	田	光	天	地
星	云	风	雨	雷	电	长
短	方	圆	这	那	有	无
好	坏	冷	热	春	夏	秋
冬	早	晚	时	间	爷	奶
爸	妈	男	女	老	幼	你
我	他	她	哥	姐	弟	妹
眼	耳	目	口	鼻	心	手
足	牙	脸	身	头	发	毛

皮	虫	鸟	鱼	兔	猫	狗
猪	马	牛	羊	鸡	鸭	瓜
果	米	面	饭	菜	肉	蛋
豆	红	黄	蓝	绿	粉	白
黑	花	草	树	木	禾	苗
枝	叶	种	林	太	阳	冰
雪	沙	江	河	海	锅	碗
杯	勺	刀	钟	表	灯	扇
书	本	画	笔	纸	伞	球
包	桌	椅	门	窗	房	车
船	家	国	衣	帽	鞋	袜
巾	布	哭	笑	乐	气	吃
喝	睡	渴	饿	饱	走	坐
跑	跳	站	爬	立	脚	飞
行	抱	玩	拍	写	看	听
说	话	叫	想	拿	洗	粗

细	高	低	明	亮	正	直
平	安	齐	全	公	母	朋
友	同	学	自	己	亲	爱
再	见	过	节	今	年	岁
几	两	个	只	条	片	声
处	古	用	半	分	工	广
生	干	王	不	以	了	文
字	空	它	往	每	给	到
们	主	人	儿	子	对	成
会	可	在	为	才	也	和
把	力	动	是	的	要	着
得	做	呢	吗	呀	啊	